APRENDIZAJE AUTOMÁTICO PROFUNDO

Guía completa para desarrolladores para principiantes sobre algoritmos, conceptos y técnicas de aprendizaje automático profundo

JOE GRANT

Tabla de Contenidos

Introducción

Para empezar, quiero contarles algunas cosas sobre este libro. No es un libro fácil destinado a ser leído en una sola sesión. Te he cargado con matemáticas, porque para entender el aprendizaje automático, lo necesitarás. Después de los primeros capítulos, las matemáticas mueren lentamente y puedes sumergirte en más texto.

Para este libro, asumiremos una familiaridad con las matemáticas y al menos el conocimiento rudimentario de Haskell y Python. Dicho esto, empecemos.

El aprendizaje automático como campo de la inteligencia artificial es un conjunto de paradigmas, algoritmos, resultados teóricos y aplicaciones de diferentes campos de la inteligencia artificial y los modelos evolutivos (en términos de búsqueda) y otras áreas: estadísticas y Probabilístico (clase bayesiana, distribución y pruebas) y otros campos en matemáticas y computación (debe haber una conciencia de la complejidad de los problemas y límites también), la teoría del control (adaptivo), la teoría de la información, la psicología y neurobiología (red neuronal), y otras ciencias. El objetivo es crear programas que puedan aprender. ¿Por qué las computadoras y las máquinas deberían ser capaces de aprender en absoluto? Además de la posibilidad de investigar y probar diferentes modelos de aprendizaje en humanos y animales en psicología, hay razones mucho más prácticas para ello.

Algunos problemas no se pueden definir simplemente, como durante el trabajo práctico o si el entorno en el sistema utilizado no se conoce durante su diseño. Tomemos por ejemplo el reconocimiento de voz o los problemas de visión en los que es necesario personalizar la base de conocimiento sobre la detección de voz o cara específica que puede ser bastante difícil para un funcionamiento óptimo.

Con una gran cantidad de datos ocultando entidades no obvias y las relaciones entre ellos y el problema pueden ser bastante difíciles de encontrar. Después de todo, piensa en la cantidad de datos que un programa necesita pasar antes de averiguar cuál, de 7 mil millones, enfrenta a los tuyos?

CAPÍTULO 1

Los Primeros Pasos

En este capítulo, vamos a repasar los fundamentos del aprendizaje automático, repasando cuáles son los pasos iniciales que debe tomar para entenderlo, así como algunas fórmulas matemáticas rudimentarias que necesitará en el futuro.

Hay métodos de aprendizaje automático que se aplican con éxito en muchas áreas muy a menudo. Todo el campo de la robótica en estos días depende del aprendizaje automático. Esto se debe a que es extremadamente eficiente y fácil de usar.

Hay algunas cosas que son bastante difíciles en esta área, la más importante es:

Detección de conocimientos (Minería de Datos):

La minería de datos es una parte del aprendizaje automático que se dedica a obtener conocimiento. Lo que esto significa es que se centra casi en su totalidad en el proceso de obtención de datos, en lugar de aprender en sí mismo.

A menudo, la cantidad de datos y relaciones en ellos es tan grande que las personas son virtualmente incapaces de comprender, usar o registrar el conocimiento en su conjunto. Aquí es donde entran en el aprendizaje automático y la minería de datos. En estos casos es más práctico, si es posible, abarcar gradualmente esos conocimientos mediante el uso de la minería de datos.

Las máquinas y programas que se adaptan al entorno que está cambiando con el tiempo (sistemas dinámicos) son requisitos comunes y necesarios en muchas áreas. Para muchas tareas, el objetivo es encontrar una solución que sea flexible y se ajuste naturalmente en lugar de utilizar métodos de inteligencia artificial para los que se requiere reingeniería después de cada cambio sustancial.

La minería de datos nos permite saber, de antemano, lo que el programa tendrá que aprender. Esto permite a los programadores manejarlo mucho más fácil.

La mayoría de los sistemas de aprendizaje automático prácticamente exitosos de hoy en día pertenecen a los que son "tabula rasa" en lo que respecta a algunos conocimientos (el conocimiento que el estudiante tiene antes de empezar a aprender). Lo que esto significa es que no hay conocimiento dentro del programa antes de que comience a aprender. Esto está bien muy a menudo, ya que por lo general, usted será capaz de alimentar los datos del programa rápidamente, sin embargo, a veces puede hacer que se encuentre con problemas.

A pesar de que ha habido muchos enfoques intentados que no son así, sólo algunos métodos muestran potencial en este sentido (explicaciones de aprendizaje y redes bayesianas.) A pesar de esto, la construcción de tales métodos es necesaria para avanzar aún más en el aprendizaje automático para el avance de, bueno, la humanidad misma.

El futuro del aprendizaje automático también está en sistemas que no sólo se refieren a una tarea o tipo de tarea, sino que también son sistemas generales y a largo plazo (aprendizaje permanente: agentes de envejecimiento independientes que mejoran el rendimiento, el aprendizaje de nuevas creaciones, etc.), así como en el desarrollo (y tal vez la expansión de los lenguajes de programación) que contienen los mecanismos necesarios para el aprendizaje automático.

Entonces, ¿qué significa esto? Bueno, los programas actuales de aprendizaje automático están especializados; por ejemplo, tendrás un programa de ajedrez, y tal vez sea capaz de vencer a Kasparov. Por otro lado, ese mismo programa no sabrá lo que es el almuerzo, ni cómo hacerlo.

El objetivo del aprendizaje automático generalista es hacer que los programas sean más inteligentes que las personas en más de una tarea, y eventualmente, simplemente más inteligentes en general. Por un sentado, esto es más fácil decirlo que hacerlo, pero es algo hacia lo que toda la industria se está moviendo.

Al final, se trata sólo de estudiar la posibilidad de aprender un lenguaje natural como fuente de experiencia. La mayor parte del contenido semiestructurado actual de Internet es en forma de algún tipo de texto.

El concepto de aprendizaje automático

Una definición más precisa del concepto de aprendizaje automático sería:

Definición 1.1: Un programa (máquina) M aprende de la experiencia E en relación con la clase de tareas T y la medición de rendimiento P (la tasa es de f Nisan del rasgo o conjunto de rasgos que tendrán que definirse), si el programa P de medidas de rendimiento mejora las tareas relacionadas T af la experiencia de E.

En el caso del reconocimiento del texto escrito T es reconocer y forjar palabras o letras en la figura, P es el porcentaje de correctamente reconocido, E es un conjunto de entrenamiento que forma la base de las imágenes dadas de letras y palabras y su clase. Un ejemplo clásico es el programa Seymour que enseña a jugar a las damas. La medida de rendimiento es entonces la capacidad de ganar un oponente después de la experiencia adquirida en jugar contra sí mismo o los oponentes que pueden jugar. El objeto del aprendizaje puede ser diferentes concepciones del mundo, es decir, la estructura computable:

Muchas funciones pueden ser ampliamente tareas buscadas si el mapa de algunos documentos donde la hipótesis de mapeo h (la misma aridad) y el conjunto de destacamento de entrenamiento S es un número de pares de los valores establecidos.

El objetivo es h de una clase de funciones H que es mejor, para coincidir con f (h a f, idealmente). Por ejemplo, la función de evaluación en la teoría de juegos, que normalmente está representada por un vector de parámetros (por ejemplo, los programas de lógica de aprendizaje de reglas LMS), los marcos son la forma básica de conceptualización del mundo en el que se busca la solución de un problema es la "habla dialectos" (por ejemplo, PROLOG) y otras formalizaciones.

Tipos de Aprendizaje y Características Básicas

La base de la división de los tipos de aprendizaje está relacionada con el aprendizaje de funciones, pero se percibe de forma similar a otros objetos de aprendizaje:

Supervisado cuando la función de consigna en el conjunto de entrenamiento (ejemplo trivial puede ser interpolación o trazado de una curva.) Esto significa que usted le ha dicho al programa dónde comenzar con el aprendizaje.

Sin supervisión cuando el valor del conjunto no se establece en el conjunto de características de entrenamiento (normalmente reducido a un problema de forjo de clase, es decir, de modo que el valor del caso anterior de una clase pertenece al conjunto.) En este caso, usted no ha dicho que el programa comienza a aprender, y se da cuenta de sí mismo.

La hipótesis como la importancia científica de la conceptualización del mundo (medio ambiente) y su precisión como medida inicial de rendimiento son comunes a la mayoría de los sistemas de aprendizaje automático. La estructura de un prototipo de un sistema tan clásico (por ejemplo, muchos juegos de problemas, clases de redes neuronales, diferentes sistemas de reconocimiento de patrones o clase f cation, etc.) Se muestra con cuatro áreas relacionadas:

Veamos, por ejemplo, un programa que comprueba, con la función de evaluación, cómo tener un coeficiente cuyos valores f, w y x de la tabla de condiciones en n muchos dominios b y funciones como objeto de instrucción. El sistema de rendimiento y la hipótesis de trabajo V dan algún tipo de solución (el seguimiento de la solución, por ejemplo, la hoja de movimiento, es decir, el estado b y la estimación de sus valores) tomada por el crítico, hay un conjunto de entrenamiento realizado por parejas (b; V o (b)), pero estos críticos asociados, la experiencia "creada después de cada lote llamando a una variable dada en la parte (especialmente para la que no hay valor en el conjunto de formación) toma el valor de evaluación en el (b) a V (succ (b)) (la regla de evaluación de la valor de la formación, donde succ (b) es el estado del tablero después de que el programa se mueve, es decir, el que se espera la acción del próximo oponente). Esto es particularmente útil si la única experiencia disponible resulta en juegos jugados contra sí mismo (esto es además útil para los sistemas que no pueden superar el problema j, mala experiencia "cuando se enteran de un oponente que no sabe bien para jugar Samuel ejemplo). Con seguridad, sólo se sabe que alguien ganó o perdió el juego, y de esta manera, el programa evalúa lo que sucedió. Entre los dos valores de las evaluaciones de funciones, el programa encontrará bits de conocimiento para aprender. Resulta que se trata de métodos de aprendizaje muy tardíos en casos especiales (aprendizaje con refuerzo). Se puede demostrar que necesariamente se esfuerza por obtener la mejor solución (por ejemplo, perceptron, en los casos en que existe tal solución). El generalizador es un componente que tiene el papel de aplicar los conocimientos adquiridos basados en las reglas de aprendizaje y su resultado es una nueva hipótesis, por ejemplo, LMS (Least Mean Squares) implica que la mejor hipótesis minimiza la suma de los cuadrados de errores (las diferencias de algunos valores del conjunto de entrenamiento s/hipótesis) E - P (b; V o (b)) 2 S [V o (b) ¡ V (b)] 2, y esto se realiza, por ejemplo, por la siguiente regla iterativa de aprendizaje:

$$w i \quad w i + ' [V o (b) ¡ V (b)] x i$$

Donde ' 2 (0 ; 1) parámetro de la velocidad de aprendizaje. La nueva hipótesis debe dar a cada uno de estos ciclos (epochs) un mejor rendimiento. Sobre la base de ello, el conjunto de formación actual y la estrategia de aprendizaje crean un nuevo generador experimental (un tablero en blanco en el caso específico). En el caso general, son posibles muchas variaciones de este tipo de aprendizaje, donde además de la diferente elección de experiencia y la generación de casos, se puede elegir una estrategia de aprendizaje diferente, lo que también implica una función diferente de evaluación (que es a veces objeto de aprendizaje, función objetiva) y su representación, así como un algoritmo de aprendizaje diferente (por ejemplo, método de gradiente, programación dinámica, etc.)

Generalización. Hace muchas preguntas sobre cómo implementar los componentes descritos de manera óptima, qué tipo de capacitación se necesita (cuántos pares, cómo la diversidad afecta la capacidad de generalizar el material aprendido.

Cómo (y por qué) limitar la clase de hipótesis disponibles y otras pueden ser un poco más difíciles de determinar. Además, es muy importante seleccionar correctamente a los miembros de un conjunto de modos de evaluación de entrenamiento y rendimiento. ¿Estos modos de aprendizaje tomarán pares de ejercicios para lograr el tiempo óptimo y el rendimiento de aprendizaje? Si un conjunto de pares de formación es también la única fuente de conocimiento para el sistema de aprendizaje, y la única fuente para las evaluaciones del rendimiento de aprendizaje es asegurarse de que el sistema funcionará más tarde con pares desconocidos fuera de la formación, cuánto se generaliza ? Un método práctico común para lograr esto es la división de los ejercicios de entrenamiento n por n particiones (n pliegues, donde n suele ser de 0 a 3 y 10), donde se toman n iteraciones para garantizar que una partición se utiliza para evaluar el rendimiento y otras para el aprendizaje. Para algunos otros métodos, más detalles estarán en los siguientes capítulos. El objetivo del texto adicional es, en primer lugar, profundizar los diferentes métodos de aprendizaje sin tener en cuenta especialmente los detalles, excepto como ilustración de cómo aplicar y revisar el contenido.

Redes neuronales y algoritmos genéticos

Las redes neuronales y los algoritmos genéticos (programación de evolución) son los paradigmas de la computación suave y las áreas soportan naturalmente muchos aspectos del aprendizaje automático. Echemos un vistazo a otras cosas. Los sistemas de retroalimentación NA son un buen ejemplo de un sistema en el que se puede aplicar el aprendizaje automático. Si usted está bajo entonces clase NA con la propagación de retroalimentación (y algunos otros). Con los sistemas de prototipos generalizados de aprendizaje automático puede reconocer que todos sus elementos son tareas que el sistema debe realizar, el rendimiento del sistema, que se mide (por ejemplo, la precisión numérica NM o la clase de eficiencia f), así como la experiencia y los conjuntos de entrenamiento.

La estrategia de entrenamiento y estructura puede ser muy diferente del caso descrito y del prototipo. Este es un caso que suele ser el resultado de un resultado específico de la combinación de dominios de superficie frescos y problemas que se resuelven con estos sistemas. NM muestra las características de los sistemas inductivos de aprendizaje automático tienen la capacidad de generalización basada en los ejemplos dados.

Los algoritmos genéticos, en general, pueden ser vistos como algoritmos de aprendizaje automático para aprender (o encontrar) la hipótesis donde el espacio de hipótesis está condicionado específicamente a él. Con su tarea surge la pregunta: ¿qué papel ha jugado la experiencia en ella? La función objetiva se puede establecer o cambiar ejemplos, y luego tenemos la experiencia y el aprendizaje. Por ejemplo,, que genera un programa (u otro formalismo computable) experimentó las características dadas. A continuación, algunas métricas, como los resultados de precisión, sobre la base de la entrada dada (instancias), la longitud del BDA o la eficiencia definen la función objetivo.

CAPÍTULO 2

Volver a lo Básico con Python

En este capítulo, veremos pruebas simples que puede hacer con la clasificación utilizando el lenguaje de programación Python.

¿Ha estado utilizando la clasificación como un tipo de aprendizaje automático? Probablemente sí, aunque no lo supieras. Ejemplo: El sistema de correo electrónico tiene la capacidad de detectar automáticamente spam. Esto significa que el sistema analizará todos los mensajes entrantes y los marcará como spam o no spam.

A menudo, usted, como usuario final, tiene la opción de etiquetar manualmente los mensajes como spam, para mejorar la capacidad de detectar spam. Esta es una forma de aprendizaje automático donde el sistema toma los ejemplos de dos tipos de mensajes: spam y el llamado jamón (el término típico para "correo electrónico no spam") y el uso de estos casos clasifica automáticamente los correos entrantes capturados.

¿Qué es una clasificación? Utilizando los ejemplos del mismo dominio del problema perteneciente a las diferentes clases del tren modelo o las "reglas de generación" que se pueden aplicar a un ejemplo (anteriormente desconocido).

Dataset Iris es una colección clásica de datos de la década de 1930; Este es uno de los primeros ejemplos de clasificaciones estadísticas modernas. El conjunto de datos es una colección de varias mediciones morfológicas de flores de iris. Estas medidas nos permiten identificar los diferentes tipos de flores.

Hoy en día, las especies se identifican a través del ADN, pero en los años 30 el papel del ADN en la genética aún no se había registrado. Se seleccionaron cuatro características para cada longitud de sépalo de la planta (longitud del deslizamiento de la taza) anchura del sépalo (ancho del resbalón de la taza) longitud del pétalo, y ancho del pétalo. Hay tres clases que identifican la planta: Iris setosa, Iris versicolor e Iris virginica.

Formulación del problema

Este conjunto de datos tiene cuatro características. Además, se registró cada especie vegetal, así como el valor de las características de la clase. El problema que queremos resolver es: Dados estos ejemplos, ¿podemos anticipar un nuevo tipo de flor en el campo basado en mediciones?

Este es el problema de la clasificación o el aprendizaje supervisado, donde en base a los datos seleccionados, podemos "generar reglas" que luego se pueden aplicar a otros casos. Ejemplos para los lectores que no estudian botánica son: filtrado de correo electrónico no deseado, detección de intrusiones en sistemas informáticos y redes, detección de fraude con tarjetas de crédito, etc.

Visualización de datos presentará una especie de triángulo, tipo de círculo y tipo de virginica de marca x.

En primer lugar, lea los datos.

```
de matplotlib importación pythonplotting como plt
importar numpy como np de sklearn.datasets
load_iris de importación: leer de los datos mediante load_iris
sklearn load_iris datos ()
• load_iris devuelve un objeto que contiene el valor de las
entidades
clase de entidades : data.data feature_names á
data.feature_names destino de destino , data.target
target_names , data.target_names
higos: ejes plt.subplots (2, 3) de acuerdo con tres pares de las
dos líneas [(0, 1), (0, 2), (0, 3), (1, 2), (1, 3 ), (2, 3)]
• Características del emparejamiento color_markers [( 'r',
'>'), ( 'g', 'o'), ( 'b', 'x'), ] ]
para y, (po, p1), y enumerar (pares): ax á axes.flat [i] para t en
el rango (3): c, - color_markers marcador [t]
• utiliza un par diferente de colores / un marcador para cada
clase ax.scatter (características [objetivo t, po],
características [objetivo .
marcador: marcador, c a c) ax.set_xlabel (feature_names
[po]) ax.set_ylabel (feature_names [p1]) ax.set_xticks ([])
```

```
ax.set_yticks ([]) fig.tight_layout () fig.savefig (
'figurure1.png')
```

Un modelo de clasificación simple. El objetivo, como se ha indicado anteriormente, es separar los tres tipos de flores.

¿Qué hacemos ahora? Buscamos la separación de límites.

```
• NumPy se utilizará para crear una matriz de cadenas: >>>
etiquetas - target_names [objetivo] - La longitud de la
característica del pétalo está en la posición 2
>>> plength - características [:, 2] >>> is_setosa (etiquetas de
'setosa') - Este paso es esencial
>>> max_setosa á longitud de plength [is_setosa] .max ()
>>> min_non_setosa plength á [a is_setosa], min () >>> print
( 'Maximum setosa of: {0}.'. format (max_setosa)) Máximo de
setosa: 1.9. >>> imprimir ( 'Mínimo de otros: {0}.'. Formato
(min_non_setosa))
Mínimo de otros: 3.0.  13 modelo de clasificación simple.
```

Con esto hicimos un modelo simple: si la longitud de los pétalos es menor que 2, entonces esta flor es Iris setosa; de lo contrario, las plantas son Iris virginica o Iris versicolor. Este es nuestro primer modelo de clasificación que separa las muy buenas flores Iris setosa de las otras dos especies (sin errores). Sin embargo, en este caso, en realidad no estamos involucrados en el aprendizaje automático. En su lugar, examinamos los datos en sí, buscando la separación entre las clases. Podemos usar el aprendizaje automático cuando escribimos el código que busca automáticamente esta separación.

Separación con el error más pequeño.

El problema de la separación Iris setosa en comparación con las otras dos especies fue muy fácil. Sin embargo, podemos ver inmediatamente cuál es el mejor umbral para distinguir Iris virginica del Iris versicolor.

Incluso podemos ver que nunca lograremos una separación perfecta con estas características. Sin embargo, podemos buscar la mejor separación o separación posible que cometa el más mínimo error.

En primer lugar, seleccionamos un conjunto de instancias que no pertenecen a la clase.

```
>>> Las características incluyen is_setosa el operador de
negación booleana >>> - etiquetas de etiquetas [is_setosa]
>>> is_virginica (etiquetas ' 'virginica'is_virginica)
```

A partir de entonces en el bucle pase todas las características y umbrales posibles para determinar cuál resultará en una mejor precisión.

La precisión se define aproximadamente como la relación entre mayúsculas y minúsculas (instancias) cuyo modelo se ha clasificado correctamente y el número total de ejemplos.

• Establezca la precisión de la noche del valor en el valor más bajo posible best_acc -1,0

• Ir a través del bucle a través de todas las características y el rango para fi

(features.shape [1]): • Pruebe todos los valores de umbral posibles para las entidades de función

thresh á [: fi] .copy () thresh.sort () y for t thresh

• tomar un vector de entidades de feature_i características [:, fi]

• generar una predicción utilizando t como umbral antes de (feature_i> t)

• Precisión de la relación de predicciones correctas acc á (frente a is_virginica) .mean () 17 separación con el error más pequeño.

• Probará si una comparación del "mayor" o "menor" que el umbral proporciona un mejor resultado

rev_acc de los valores de la letra anterior (frente a la is_virginica) .mean () si rev_acc> acc: reverse - True - acc rev_acc else: reverse - False - Si la precisión mayor que la anterior, recuerde el umbral conmemorativo.

si acc> best_acc: best_acc acc best_fi - best_t fi t best_reverse

Las best_fi variables, best_t y best_reverse hacen nuestro modelo. Esta información es necesaria para clasificar nuevos objetos desconocidos, es decir, hemos asignado el valor de las características de clase de la siguiente manera:

```
def is_virginica_test (fi, t, reverse, example): "Apply
threshold model to a new example"
prueba: ejemplo [fi]> t si es inversa: prueba - prueba no de
retorno de prueba
```

¿Cómo funciona este modelo? Si comienza en el modelo de datos general que se ha identificado como la mejor decisión basada en el ancho de los pétalos. Una manera de obtener información sobre el funcionamiento del modelo es una visualización de la decisión fronteriza.

En las páginas anteriores, hemos visto que la pantalla muestra dos regiones: blanco y gris (sombreado). Cualquier elemento que pertenezca a la región blanca se clasificará como Iris virginica, mientras que cada punto del lado sombreado correspondiente se clasificará como Iris versicolor.

El código que dibuja el modelo se puede encontrar en el código fuente, en el archivo 2.

El modelo ya ha discutido un modelo simple que logra una precisión del 94% en todo el conjunto de datos. Sin embargo, esta estimación puede ser demasiado optimista: los datos que utilizamos para definir cuál sería el umbral se utilizaron entonces para estimar el modelo.

Lo que realmente quiero hacer es evaluar la capacidad del modelo de generalización. En otras palabras, debemos medir el rendimiento del algoritmo en los casos en que se utiliza información clasificada, que no está entrenada.

La transmisión de la evaluación rigurosa del dispositivo y el uso de los datos "retrasados" (Casually, Held-out) es una manera de hacerlo. La información se separará haciendo una parte de los datos utilizados para entrenar el modelo, y la segunda parte que se probará o evaluará

```
archivo cho2 / heldout.py.
importar numpy como np de sklearn.
conjuntos de datos de la importación de load_iris fit_model
de importación de umbrales, datos de precisión - load_iris ()
incluir datos [ 'datos'] etiquetas - datos [ 'target_names']
[datos [a' destino ']] - Eliminamos ejemplos de setosa
: is_setosa (etiquetas de setosa ') las características is_setosa
incluyen etiquetas de etiquetas de etiquetas de etiquetas de
etiquetas de etiquetas [a is_setosa]
Clasificar el modelo de la is_virginica de la virgenica o del
Versicolor (etiquetas "virginica" ') 23 Tasa. • Compartir
información sobre el entrenamiento y las pruebas de datos
de prueba np.tile ([Verdadero, Falso], 50) - Pruebas -
[Verdadero, Falso, Verdadero, Falso, Verdadero, Falso ...]
El conjunto de entrenamiento de entrenamiento contiene lo
que no está en el conjunto de pruebas del modelo de
fit_model (características [entrenamiento] is_virginica
[entrenamiento]) train_accuracy de precisión (características
[entrenamiento] is_virginica [entrenamiento], modelo)
test_accuracy precisión (características [ pruebas],
```

```
is_virginica [pruebas], modelo ) impresión ( ' " - Precisión del
entrenamiento fue de 0: 1 %. Las pruebas fueron de
precisión {1} 1% (N a {2}). "
Formato (train_accuracy, test_accuracy, testing.sum ()))
```

¿Qué obtienes si ejecutas el código anterior? La precisión del entrenamiento fue del 96,0%. La precisión de las pruebas fue del 90,0% (N a 50). ¿Qué pasó realmente? La precisión en el caso del conjunto de datos recién entrenado (que es un subconjunto de los datos) es obviamente mayor que antes.

Sin embargo, la precisión de los datos de prueba es menor! Si bien esto puede sorprender a una persona inexperta que se dedica al aprendizaje automático, se espera que sea menor por los veteranos. Generalmente, la precisión de las pruebas es menor que la precisión del entrenamiento. Usando los ejemplos anteriores debería ser capaz de trazar un gráfico de estos datos. El gráfico mostrará las decisiones de límite.

Considere lo que sucedería si la decisión de limitar algunos de los casos cerca de la frontera no estuviera allí durante el entrenamiento? Es fácil concluir que los límites se mueven ligeramente hacia la derecha o la izquierda.

NOTA: En este caso, la diferencia entre la precisión de los datos medidos para el entrenamiento y las pruebas no es grande. Cuando se utiliza un modelo complejo, es posible obtener 100% de precisión en el entrenamiento y pruebas de muy baja precisión! En otras palabras, la precisión del conjunto de entrenamiento es una evaluación demasiado optimista de lo bueno que es su algoritmo. ¡Los experimentos siempre midieron e informaron de la precisión de las pruebas y la precisión en el conjunto de ejemplos que no se están utilizando para el entrenamiento!

Un posible problema con la validación de retención es que solo estamos usando la mitad de los datos utilizados para el entrenamiento. Sin embargo, si utiliza demasiados datos para el entrenamiento, las pruebas de errores de evaluación se realizan en un número muy pequeño de ejemplos. Idealmente, usaríamos todos los datos para el entrenamiento y todos los datos para las pruebas, pero era imposible.

Una buena aproximación de los ideales imposibles es un método llamado validación cruzada. La forma más sencilla de validación cruzada es la validación cruzada Leave-one-out. De los datos de formación se excluirá un ejemplo; esto entrena el modelo y comprueba si ha clasificado correctamente el ejemplo excluido.

A continuación, este proceso se repite para todos los elementos del conjunto de datos.

```
>>>
>>> correcto - o.o para ei en el rango (len (características)) -
Selecciono todos los ejemplos de la posición 'ei'
: entrenamiento np.ones (len (características) bool)
entrenamiento [ei] - Entrenamiento de modelos de pruebas
falsas
```

> • fit_model (características [entrenamiento] is_virginica [entrenamiento]) - predicciones predicen (modelo, características [pruebas]) corregir np.sum + á (predicciones is_virginica [pruebas]) - acc >>> correcto / float (len (características)) >>> impresión ("Precisión: }. 'formato (acc)) Precisión: 87,0%

Cuando se usa la comprobación cruzada, cada ejemplo se probó en un modelo entrenado sin tener en cuenta esos datos. Por lo tanto, la validación cruzada es una estimación fiable de las posibilidades del modelo de generalización. El principal problema con el método anterior de validación es la necesidad de entrenamiento de un gran número (el número crece al tamaño del conjunto).

En su lugar, echemos un vistazo a la llamada validación v-fold. Si, por ejemplo, utilizando la validación cruzada de 5 veces, los datos se dividen en cinco partes, de las cuales en cada iteración se utilizan 4 partes para el entrenamiento y una para las pruebas.

El número de piezas en el conjunto inicial de componentes depende del tamaño del evento, el tiempo necesario para el modelo de entrenamiento, etc. Al generar datos de plegado, es muy importante estar equilibrado.

¿Cuáles son los resultados falsos negativos y falsos positivos?

Un ejemplo en el campo de la medicina: Falso negativo - el resultado de una prueba es negativo, pero en realidad no es cierto.

Esto puede causar que el paciente no reciba tratamiento para una enfermedad grave.

Un falso positivo - resultado de la prueba es positivo cuando el paciente, de hecho, no tiene la enfermedad; Esto puede dar lugar a pruebas adicionales para la confirmación o tratamiento inaceptable, que todavía puede tener consecuencias, incluidos los efectos adversos del tratamiento. En la práctica, a veces tiene que ser un compromiso entre la frecuencia de los resultados falsos positivos y falsos negativos.

¿Cuáles son los ejemplos de resultados falsos positivos y falsos negativos para filtrar correos electrónicos no deseados, sistemas que detectan intrusiones en redes informáticas y sistemas para detectar fraudes con tarjetas de crédito?

Clasificadores Complejos Ka

El modelo que clasifica en función del valor de las características de umbral es simple. Hay una serie de modelos más complejos. ¿Cómo elegir el correcto? Es necesario prestar atención a la estructura del modelo, cómo modelar la toma de decisiones, el tiempo de procedimiento, cómo determinamos los parámetros del modelo, pérdida de función o ganancia, optimizando un modelo de tal manera que cometa menos errores tipo de falso positivo o falso - resultados negativos.

Analizaremos un conjunto de datos de la agricultura, las semillas, que sigue siendo pequeña, pero sigue siendo demasiado alta para la visualización de datos (es decir, el dibujo que hemos hecho con

IRIS). El conjunto de datos consiste en mediciones de semillas de trigo. Un paquete de datos contiene siete características continuas que no incluyen los valores inexistentes: a área, perímetro P, compactación C a 4 a / P2, la longitud del núcleo, la anchura del núcleo, el coeficiente de asimetría y la longitud de las ranuras del núcleo.

El conjunto de datos de semillas y el conjunto de datos vecino más cercano siguen las mismas reglas. Hay tres clases que corresponden a las variedades de trigo: Canadiense, Coma y Rosa. Como antes, el objetivo es clasificar las especies en base a estas mediciones morfológicas.

A diferencia de la flor de iris del conjunto de datos, que se recopiló en la década de 1930, este es un conjunto más reciente de datos y sus características se calculan automáticamente a partir de imágenes digitales. Nota: La Universidad de California en Irvine (UCI) tenía un repositorio en línea de conjuntos de datos para el aprendizaje automático. Ambos conjuntos (iris y semillas) utilizados en estos ejercicios fueron tomados allí.

El repositorio está disponible en: http://archive.ics.uci.edu/ml/

Vamos a proceder a echar un vistazo más de cerca a las características, notará que la compacidad no es una característica independiente, sino una función de superficie y perímetro. En la práctica, a menudo es útil generar nuevas características combinadas. Los intentos de crear nuevas características se denominan operaciones diseñadas (también ingeniería de características).

Esta actividad afectará al rendimiento del clasificador: un algoritmo simple para lograr un mejor rendimiento en un campo bien definido de características o las características no tan bien definidas.

Para invocar buenas características, es necesario conocer el problema específico a resolver. En otras palabras, incluso antes de empezar a recopilar datos, necesita saber qué información que recopilamos vale la pena, y cómo separar las partes que son menos útiles o inútiles.

Afortunadamente, para un gran número de dominios problemáticos, hay suficiente literatura que describe las características y tipos de características adecuadas para resolver el problema. Es natural preguntar si podemos seleccionar automáticamente buenas características. Este problema se conoce como una selección de entidades (también selección de características).

Hay muchos métodos que se han propuesto para resolver este problema, pero en la práctica, las ideas muy simples funcionan mejor. Para problemas simples que están actualmente por ahí, no hay necesidad de rechazar algunas características.

En los casos en que tenemos miles de temas, arrojar la mayoría de ellos puede hacer que el resto del proceso sea mucho más rápido.

Este método también se basa en memoria o instancias. Pertenecer a una familia de algoritmos de aprendizaje que, en lugar de realizar generalizaciones explícitas, compara nuevas instancias con instancias que ya han pasado la fase de entrenamiento y están en la memoria.

Aprender basado en instancias es una especie de aprendizaje perezoso. El aprendizaje perezoso en inteligencia artificial es una característica deseable del aprendizaje si hay un requisito para una base de conocimiento en constante cambio, donde cualquier cambio de este tipo no implica repetir todo el proceso de aprendizaje, sino sólo adiciones incrementales eficientes conocimiento.

Una característica común de estos métodos es que todos se adaptan a las estructuras de memoria de instancia de entrenamiento y las utilizan para la clasificación de directorios. La forma más simple de una estructura de memoria del espacio multidimensional es una característica definitoria. Cada instancia de entrenamiento se representa como un punto en el espacio.

La clasificación de las nuevas instancias se realiza de acuerdo con el principio de los vecinos más cercanos, en el que se compara una nueva instancia con las instancias del conjunto de aprendizaje mediante las métricas definidas. Las métricas se pueden definir como diferentes instancias en función del valor de sus atributos y corresponden a una comprensión intuitiva de las similitudes para que si son instancias de propiedades similares, la distancia sea menor.

La nueva instancia se clasifica en función de la búsqueda de un conjunto de aprendizaje con el objetivo de encontrar la instancia más cercana en términos de distancia.

Formación: Colocación de instancias de formación. Clasificación: la instancia específica x contiene k vecinos más cercanos entre las instancias del conjunto de entrenamiento. El mayor número de vecinos de la misma clase determina la instancia de clase. Como puede ver, no hay fase de entrenamiento en el sentido común. El precio de esto son procedimientos de toma de decisiones más lentos, porque para clasificar un mensaje tenemos que contar la distancia de la formación de todos los mensajes y encontrar k vecinos más cercanos.

El algoritmo de la figura para los criterios de aceptación de k a 1, k a 2 y k a 3- y la eliminación de las instancias representan principalmente una estrategia irreversible y codiciosa de ML. El criterio más simple es que una instancia se prueba de acuerdo con el resultado de la clasificación utilizando las instancias representativas previamente aisladas.

En caso de clasificación incorrecta, se agrega a la colección de instancias representativas porque es evidente que cambia los límites de clase. Si la clasificación correcta de las instancias se declara como redundante porque la información que lleva ya está contenida en el conjunto con el que se clasifica, ¡ya está!

Desventajas de este criterio para la selección de instancias:

- En la etapa inicial del proceso de búsqueda, existe una posibilidad real de rechazo de instancias que puede resultar importante para la precisión de los modelos de clasificación resultantes.

- El subconjunto representativo elegido de instancias depende no solo del conjunto inicial, sino del orden de las instancias de evaluación.

- Además de la selección de instancias de memoria, el modelo de clasificación puede verse influenciado modificando la función de distancia.

El impacto igual de todos los atributos de la instancia implica que el resultado final es una de las propiedades de las distancias euclidianas. Cuando se trata de práctica, pueden surgir problemas en los que todos los atributos tienen el mismo valor para el proceso de clasificación. La modificación de la distancia euclidiana incluye la introducción de los pesos del atributo.

Si el valor de ponderación de la marca wi asociado con el atributo Ai, a continuación, las instancias de distancia euclidiana modificadas por x e y se pueden presentar de la siguiente manera: dw x , y i á l n wi 2 xi - yi 2 Aquí es donde aplicamos lo que hemos aprendido hasta ahora, así como añadir un poco a él. Hasta ahora hemos utilizado códigos de clasificación hechos a mano. Sin embargo, debido a sus bibliotecas, Python es un lenguaje adecuado para el aprendizaje automático.

Library scikit-learn se ha convertido en una biblioteca estándar para muchas tareas de aprendizaje automático, incluida la clasificación. A continuación, utilizamos la implementación de la exposición al método de vecino más cercano.

Dos métodos básicos de scikit-learn para la clasificación son: ajuste (características, etiquetas) - este es un paso que crea parámetros de modelo de aprendizaje; predecir (características): este método solo se puede llamar después de aprender y restaura la predicción de una o más entradas. La implementación de nuestros vecinos más cercanos comienza a importar los datos de la instalación del submódulo KneighborsClassifier sklearn.neighbors: >>> import from sklearn.neighbours KNeighborsClassifier Module scikit-learn imported as sklearn (a veces descubrirás que el scikit-learn menciona usando este nombre corto en lugar de nombre completo).

Todos los módulos de sklearn funcionales son submódulos, como sklearn.neighbours. Ahora podemos crear una instancia del clasificador de objetos. En el constructor determinamos el número de vecinos a tener en cuenta:

```
>>> clasificador - KNeighborsClassifier (n_neighbors 1) Si no
especifica el número de vecinos, significa 5, que a veces
puede ser una buena opción para la clasificación.
Queremos utilizar la validación cruzada para ver nuestros
datos >>> de sklearn.cross_validation importar KFold >>> kf
- KFold (len (características), n_folds 5, shuffle - True)
significa >>> [] >>> método de ajuste del modelo, y luego
ensayado por el método predecir
classifier.fit (características [training], labels [training]) ?
prediction classifier.predict (features [testing]) - curmean
np.mean (etiquetas de predicción [testing]) significa.append
(curmean) >>> print ( "Precisión media: ? formato (np.media
(medios))) Precisión media: 90,5%
```

Para este conjunto de datos, con este algoritmo, obtenemos una precisión del 90,5%. Como se mencionó anteriormente, la precisión de validación cruzada es menor que la precisión de la capacitación, pero este es un modelo de evaluación de rendimiento creíble. Ahora examinaremos la decisión de límites. Para visualizar esto, simplifique el caso y analice sólo dos características (área y compacidad).

Cuando trazas esto, ¿notas algo extraño en la tabla? Podemos observar que las regiones se dividen líneas casi verticales y hacer la pregunta de por qué el gráfico se parece a él. Los valores en el eje x (área) están en el rango de 10 a 22, mientras que los valores numéricos en el eje Y están en el rango de 0.75 a 1. Esto se deriva de la unidad de medida a la que se deriva el valor de las entidades descritas.

Esto significa que un pequeño cambio en un eje es en realidad mucho más grande que los pequeños cambios en el otro eje. En otras palabras, al calcular la distancia entre los puntos, en la mayoría de los casos solo toman el eje X.

Este es también un buen ejemplo de por qué es una buena idea visualizar nuestros datos y comprobar si hay alguna "sorpresa".

¿Cómo podemos resolver el problema? Es necesario normalizar todas las características. Esto se puede resolver de varias maneras, pero una de las posibles es la normalización de la puntuación z. Deje que las características del valor antiguo f, f 'valor nuevo, valor medio y desviación estándar , donde los valores de los valores de los valores de los valores de los valores de los valores de los valores de los valores de los valores de los valores de los valores de los valores de la serie se estiman en función de los datos para el entrenamiento. La normalización se realiza de la siguiente manera: f 'a f - á - después de una normalización de la puntuación z, un valor f' a 0 correspondiente alvalor f , un valor negativo ?? 'corresponden a valores inferiores al valor medio, los valores positivos de f 'corresponden' a valores superiores al valor medio.

¿De qué otra manera podemos resolver el problema? El uso de la normalización scikit-learn del módulo simplemente se realiza como un paso en el preprocesamiento de datos. Usaremos la canalización en la que el primer elemento es la normalización y la otra clasificación. Para ello, importamos la clase para trabajar con una canalización y las entidades de escalado de la siguiente manera:

```
>>> Importación desde sklearn.pipeline Pipeline
>>> Importar desde sklearn.preprocesamiento
StandardScaler Next, haga lo siguiente:
>>> clasificador de KNeighborsClassifier (n_neighbors 1)
>>> Clasificador de tuberías ([( 'norma', StandardScaler ()),
(knn "clasificador)])
```

Las canalizaciones de constructor requieren una lista de pares del tipo (p, clf). Cada par corresponde a un paso de la canalización, en el que el primer elemento se designa mediante el paso de cadena, mientras que el otro elemento es un objeto que realiza la transformación.

Después de la normalización, cada entidad está en las mismas unidades (técnicamente, cada entidad no tiene cota, porque no hay ninguna unidad de medida). Si ahora lanzamos un clasificador basado en el método de vecino más cercano, obtenemos el 93% de la precisión de la validación cruzada de 5 veces con el código anteriormente discutido y puede ver que ambas características afectan al resultado. En el conjunto de datos completo, todo sucede en el espacio sietedimensional, que es difícil de visualizar, pero se aplica el mismo principio: Varias características dominadas en los datos originales, pero después de la normalización tienen todas las señas de identidad de la misma Carácter. Conjunto de datos de semillas y método de vecino más cercano.

Los clasificadores que hemos utilizado hasta ahora son binarios. Los clasificadores que usamos para el conjunto de datos Seeds son multiclase. Un problema multiclase se puede resolver con una serie de decisiones binarias.

CAPÍTULO 3

Agrupación en Python

❋ ❋ ❋ ❋ ❋ ❋ ❋ ❋ ❋ ❋ ❋ ❋ ❋ ❋ ❋

Cual es la diferencia entre clasificación y agrupación? En el capítulo anterior, tratamos la clasificación como un tipo de aprendizaje supervisado.

NOTA: En estos ejemplos, usaremos el conjunto de datos disponible en: http://www.cs.columbia.edu/~blei/lda-c/ap.tgz

Se marcaron los datos de entrenamiento de los modelos y el modelo se utilizó para clasificar instancias previamente desconocidas.

Hacemos la siguiente pregunta: ¿qué podemos hacer si no tenemos modelos marcados para entrenar el modelo? Obviamente, el modelo de clasificación no se puede construir. Pero podemos encontrar plantillas específicas en los datos. Formalmente dicho, en el campo moderno del aprendizaje automático, los siguientes enfoques dominan: aprendizaje inductivo, aprendizaje analítico (analogía lógica), aprendizaje basado en casos (analogía con la memoria humana), redes neuronales (analogía con neurobiología), genetica algoritmos (analógico con evolución) y modelos híbridos (combinación de acceso múltiple).

La máxima importancia para la práctica actual en el campo de la computación y la inteligencia artificial es el aprendizaje inductivo. La esencia de este tipo de aprendizaje es el aprendizaje basado en ejemplos disponibles. En el lenguaje cotidiano, podemos llamarlo aprender de la experiencia. Con respecto al objeto de aprendizaje, lo más importante es el aprendizaje de asignaciones funcionales, es decir, de entrada-salida.

Los elementos clave en el aprendizaje inductivo de las cartografías funcionales son mapeo desconocido, entrenamiento de un conjunto de pares de entrada-salida y un conjunto de hipótesis dentro de las cuales elegimos la hipótesis final a través de un algoritmo de entrenamiento. Las entradas son, por regla general, n vectores dimensionales. En la mayoría de la literatura, se les conoce como: vectores de signos, patrones, ejemplos e instancias. Los componentes vectoriales de entrada se denominan atributos y pueden ser continuos (número infinito de valores) y discretos (un número finito de valores).

El espacio de salida se puede clasificar con valores K cuando un sistema entrenado realiza la clasificación (la salida se denomina etiqueta, clase, categoría o decisión) o realista cuando el sistema entrenado realiza regresión (estimador funcional). Hay dos tipos de entrenamiento. La formación se puede dividir en formación con carga, formación no docente y aprendizaje de refuerzo. Para la formación con el maestro, es decir, el aprendizaje supervisado, usted está monitoreando el programa, y haciendo ajustes mientras aprende, mientras que para el aprendizaje no supervisado lo deja a sus propios dispositivos.

•>> imprimir (X_train.getrow (3) .toarray ()) [[o o o o o 1 1 o 1 o

o o o o o o o o o o o o o]] >>> impresión (X_train.getrow (4)

.toarray ()) [[o o o o 3 3 o o o o o o o o o o o o o 3 o o o]].

Cambiaremos la función dist_raw para calcular la distancia

entre vectores normalizados. def dist_norm (v1, v2):

v1_normalized v1 / sp.linalg.norm (v1.toarray ())

v2_normalized v2 / sp.linalg.norm (v2.toarray ())

delta - v1_normalized

v2_normalized devuelve sp.linalg. norma (delta.toarray ())

En este caso, al comparar una nueva frase con todos los

mensajes, se obtiene un resultado diferente. Desde la salida

del programa, se puede ver que ahora el poste 3 y el post4

son similares a la nueva frase.

• Post o con dist á 1.41: Este es un puesto de juguete sobre el

aprendizaje automático. En realidad, no contiene muchas

cosas interesantes.

•Poste 1 con dist a 0,86: Las bases de datos de imágenes

proporcionan capacidades de almacenamiento.

•Post2 con dist a 0,92: La mayoría de las bases de datos de

imágenes guardan imágenes de forma permanente.

•OPost 3 con dist - 0,77: Las bases de datos de imágenes

almacenan datos.

Las bases de datos de imágenes almacenan datos

El mejor post es 3 con dist a 0,77. Si nos fijamos de nuevo en el
post2, nos daremos cuenta de que las palabras "puente", "guardar",
"imágenes" y "permanentemente" no se encuentran en la nueva
oración. El impacto de estas palabras en el significado del post o en

la cantidad de información que llevan es diferente. Palabras como "puente" a menudo aparecen en todos los contextos diferentes y se llaman palabras stop. Las palabras Stop no contienen tanta información y no necesitan adjuntar el mismo significado a palabras como "imágenes", que a menudo no aparecen en contextos diferentes.

La mejor opción sería eliminar todas las palabras que son tan comunes que no ayudan a diferenciar entre diferentes textos.

Eliminación de las palabras irrelevantes

Dado que la eliminación de la parada es un paso típico en el procesamiento de lenguajes naturales, es suficiente establecer el parámetro stop_words en un idioma cuya parada queremos eliminar. En inglés, se eliminan 318 palabras stop, de las cuales se enumeran las primeras 20.

```
>>> vectorizador - CountVectorizer (min_df 1, stop_words á
'Inglés')
>>> ordenados (vectorizer.get_stop_words ()) [0:20] ['a',
'about', 'above', 'across' 'after', 'after', 'after', 'after', '', again','
contra ',' all ',' almost ',' solo ',' a lo largo de ',' ya ',' también ','
palabras stop, 7 palabras stop tokenizadas de nuestro
ejemplo se eliminan de nuestro ejemplo: "about", "is", "it",
"most", "much", "not ", and "this".
```

Después de eliminar la palabra stop, obtenemos las siguientes medidas de similitud (tenga en cuenta que la distancia de los mensajes 1 y 2 de la nueva frase es ahora la misma, porque tienen el mismo número de palabras que no tienen en la nueva oración):

• Post 0 con dist á 1.41: Este es un puesto de juguete sobre el aprendizaje automático. En realidad, no contiene mucho.

Post 1 con dist a 0,86: Las bases de datos de imágenes proporcionan capacidades de almacenamiento.

Post2 con dist a 0,86: La mayoría de las bases de datos de imágenes guardan imágenes de forma permanente.

Post 3 con dist - 0,77: Las bases de datos de imágenes almacenan datos.

Post4 con dist a 0,77: Las bases de datos de imágenes almacenan datos. Las bases de datos de imágenes almacenan datos. Las bases de datos de imágenes almacenan datos. El mejor post es 3 con dist á 0.77

Hasta ahora, hemos visto diferentes formas de palabras y palabras similares a diferentes palabras. Por ejemplo, el Posto 2 contiene las palabras "imagen" e "imágenes".

Dado que las palabras apuntan al mismo concepto o muy similar, podemos contarlas juntas. Por lo tanto, necesitamos una función que reduzca la palabra a una forma que sea adecuada para contar. SciKit todavía no tiene esta característica, pero puede descargar la herramienta gratuita Natural Language Toolkit (NLTK) - esta herramienta proporciona un stemmer que se puede utilizar fácilmente con CountVectorizer. NLTK proporciona más stemmer -

esto es lógico porque cada idioma tiene reglas diferentes para incorporar palabras en la forma básica.

Para inglés usaremos SnowballStemmer. Tenga en cuenta que el resultado de esta operación no da lugar necesariamente a las palabras correctas en inglés. Este es un ejemplo de cómo descargar NLTK:

```
>>> importar nltk.stem
>>> s á nltk.stem.SnowballStemmer ('inglés')
>>> s.stem ("gráficos") u'graphic '
>>> s.stem ("imaging") u'imag '
>>> s.stem ("imagen") u'imag'
>>> s.stem ("imaginación") u'imagin '
>>> s.stem ("imagine") u'imagin'
```

Ejemplo 2:

```
>>> s.stem ("compra") u'buy '
>>> s.stem ("comprar") u'buy' Nota - esta operación a veces
no devuelve la forma del tallo. Por ejemplo, el hedor de la
palabra "comprado" debería dar lugar a la palabra "comprar".
>>> s.stem ("comprado") u' comprado
. Expanda la funcionalidad NLTK de la clase CountVectorizer:
import nltk.stem english_stemmer á
nltk.stem.SnowballStemmer ('english')) clase
StemmedCountVectorizer (CountVectorizer): def
build_analyzer (self): analyzer á super
```

```
(StemmedCountVectorizer, self) . build_analyzer () retorno
lambda doc : (english_stemmer.stem (w) para el
vectorizador w in analyzer (doc)) - StemmedCountVectorizer
(min_df á 1, stop_words á 'inglés')
```

¿Qué hace el código?

Código anterior: convierte todas las letras en letras minúsculas en la fase previa al proceso, separa todas las palabras en el proceso de tokenización, dibuja una palabra de detención y convierte las palabras en forma de tallo. Después de iniciar este código, se descarta otra etiqueta, o forma de palabra, porque después de stemming, las palabras "imágenes" e "imágenes" son idénticas.

```
print (vectorizer.get_feature_names ()) [u'real ', u'capabl',
u'contain ', u'data', u'databas ', u'imag', u'interest ', u'learn',
u'machin', u'perman ', u'post', u'provid ', u'save', u'storag ',
u'store', u'stuff', u'u'toy]
```

¿Cuál es el post más similar a las "bases de datos de imágenes"?

- Post o con dist á 1.41: Este es un puesto de juguete sobre el aprendizaje automático. En realidad, no contiene muchas cosas interesantes.
- Poste 1 con dist a 0,86: Las bases de datos de imágenes proporcionan capacidades de almacenamiento.
- Post2 con dist a 0,63: La mayoría de las bases de datos de imágenes guardan imágenes de forma permanente.

•OPost 3 con dist - 0,77: Las bases de datos de imágenes
almacenan datos.
•Post4 con dist a 0,77: Las bases de datos de imágenes
almacenan datos. Las bases de datos de imágenes
almacenan datos. Las bases de datos de imágenes
almacenan datos.
El mejor post es 2 con dist á 0.63

Por ahora, podemos decir que hemos encontrado una buena manera de formar un vector compacto basado en un mensaje de texto silencioso. Volvamos un poco para pensar en lo que realmente significa el valor de la etiqueta. Los valores se derivan en función del número de apariciones de citas en el post, y nuestra suposición es que un valor más alto significa que el término es de mayor importancia.

Sin embargo, en este caso, se puede concluir que los documentos más largos tienen prioridad sobre los turnos cortos. Por lo tanto, es necesario normalizar el recuento en función de la longitud del documento. Además, es necesario eliminar términos inútiles (por ejemplo, el término "sujeto", que se encuentra en casi todos los postes).

Implementación simple de TF-IDF:

```
importación como sp def tfidf (término, doc, corpus): tf -
doc.count (term) / len (doc) num_docs_with_term á len ([d
```

para d en corpus si término en d] á sp.log (lente (corpus) /
num_docs_with_term)

return tf * idf

Para el corpus D dado que contiene los documentos tokenizados a, abb y abc, la función anterior devuelve lo siguiente:

```
>>> a, abb, abc á ["a"], ["a", "b", "b"], ["a "," b "," c "] >> D á [a, abb, abc] >>> print (tfidf (" a ", a, D)) o.o >>> print (tfidf (" a " abb, D)) o.o >>> print (tfidf ("a", abc, D)) o.o
```
Basado en esto , llegamos a la conclusión de que el término es insignificante porque está en todas partes.
Para el corpus D dado que contiene los documentos simbólicos a, abb y abc la función anterior devuelve:
```
>>> print (tfidf ("b", abb, D)) o.270310072072 >>> print (tfidf ("b", abc, D)) o.135155036036 >>> print (tfidf ("t", abc, D)) o.135155036036 >>> print (tfidf ("t", abc, D)) o.135155036036 >>> print (tfidf ("t", abc, D)) o.135155036036 >>> print (tfidf ("t", abc, D)) o.135155036036 >>> print (tfidf ("t", abc, D)) o.135155036036 >>> print (tfidf ("t", abc, D)) o.135155036036 >>> print (tfidf ("t o.366204096223
```

Basándonos en esto, llegamos a la conclusión de que el término b es más significativo para el documento abb que para el documento abc porque aparece dos veces en él.

La implementación de SciKit (utilizamos TfidfVectorizer heredado por CountVectorizer) se proporciona mediante el siguiente código: de sklearn.feature_extraction.text import TfidfVectorizer class StemmedTfidfVectorizer (TfidfVectorizer): def build_analyzer (self): analizador : super (TfidfVectorizer, self) .build_analyzer () return lambda doc: (english_stemmer.stem (w) para el vectorizador w in analyzer (doc)) - StemmedTfidfVectorizer (min_df á 1, stop_words á 'inglés', decode_error á 'ignorar')

Hay algunos inconvenientes en esto. Las relaciones entre palabras no se tienen en cuenta. Por ejemplo, las palabras "coches golpea la pared" y "coche de pared" tendrán el mismo carácter vectorial. También hay un problema con las negaciones. Por ejemplo, las palabras "Voy a comer helado" y "No comeré helado" tendrán características vectoriales muy similares y si tienen el significado opuesto.

Este problema se puede resolver si solo se tienen en cuenta palabras individuales al contar palabras, pero los bigramas (pares de palabras) o los trigramas (tres palabras seguidas). Hay un problema con las palabras mal escritas. Aunque está claro para el lector que las palabras "base de datos" y "databas" tienen el mismo significado, es decir, un error de escritura, el enfoque que usamos las tratará como dos palabras diferentes. Naturalmente, se pueden tratar como los mismos, pero esto es generalmente bastante poco práctico.

Sin embargo, este capítulo se centra en la agrupación en clústeres, no en el procesamiento de lenguajes naturales, por lo que utilizaremos el enfoque de la bolsa de palabras para un análisis posterior del cluster.

La agrupación en clústeres, es decir, el análisis de clústeres, es la búsqueda de grupos de objetos de forma que los objetos de un grupo sean similares (o relacionados) y que los objetos de diferentes grupos sean diferentes (o desconectados). La agrupación en clústeres se utiliza para ver documentos del mismo grupo, gen de grupo y proteína sin la misma funcionalidad, agrupando acciones con cambios de precios similares, etc. Por ejemplo, la agrupación de lluvias en Australia.

Hay una diferencia significativa entre la partición y el conjunto de clústeres jerárquicos. La creación de particiones es la división del conjunto de datos en subconjuntos no superpuestos (clústeres) de modo que cada dato está exactamente en un subconjunto.

La agrupación jerárquica es un conjunto de clústeres de anidamiento organizados en forma de árbol jerárquico. La agrupación jerárquica puede ser tradicional y no tradicional, lo que resulta en un dendrograma tradicional y no tradicional.

Análisis de clústeres 50 Agrupación mediante el algoritmo K-environment. K-means es un acceso a una partición de agrupación en clústeres en la que cada clúster está asociado a un centroide (punto central) y cada punto se asigna a un clúster con el centroide más cercano.

Se debe especificar el número de clústeres K. El algoritmo básico es extremadamente simple:

1. Seleccione K puntos como centroides iniciales.

2. Repita.

3. Desde los clústeres K asignando todos los puntos al centroide más cercano.

4. Vuelva a calcular el centroide para cada clúster.

5. Repita hasta que los centroides no cambien.

El centroide inicial se elige a menudo de forma aleatoria. Los clústeres resultantes pueden variar en la ejecución sucesiva del programa. Los resultados pueden ser relativamente pobres.

Es habitual que centroide sea el valor medio de los puntos del clúster. El "más cercano" se mide como distancia euclidiana, distancia de coseno, correlación, etc. Los centros K convergen a las similitudes antes mencionadas.

La mayor parte de la convergencia se produce en las primeras iteraciones. A menudo, la condición de detención cambia a "hasta que relativamente pocos puntos cambian el clúster".

Análisis de clústeres 52 Agrupación mediante el algoritmo K-environment. En el gráfico del conjunto de datos, encontrará que después de cinco iteraciones en este ejemplo, los centroides se "desplazan sin problemas" (la tolerancia o el umbral de SciKit está en el estado predeterminado 0.0001).

Una vez completada la agrupación en clústeres, es necesario registrar centroides e identidad de clúster. Cada nuevo documento se vectoriza y se compara con todos los centroides. Centroide con la menor distancia desde el nuevo post vectores pertenece a un clúster que asignaremos a un nuevo post.

El 20newsgroup es uno de los conjuntos de datos "estándar" en el campo del aprendizaje automático, que a menudo se utiliza para ilustrar el análisis de clúster (similar a qué iris se utiliza para ilustrar la clasificación). Contiene 18.826 publicaciones de 20 grupos de noticias diferentes, algunos de los cuales son técnicos (comp.sys.mac.hardware, sci.crypt y similares), mientras que algunos se relacionan con la política o la religión. En nuestro experimento, nos limitaremos a los técnicos. Asumiremos que cada grupo es un grupo y examinaremos si nuestro enfoque para encontrar publicaciones vinculadas funciona.

El módulo skleparn.datasets contiene la función fetch_20newsgroups que importa automáticamente la siguiente información:

```
>>> importar sklearn.datasets
>>> all_data á sklearn.datasets.fetch_20newsgroups
(subconjunto de 'todos')
>>> imprimir (len (all_data.filenames)) 18846
>>> imprimir (all_data.target_names) ['alt.atheism',
'comp.graphics',' comp.os.ms-windows.misc ','
comp.sys.ibm.pc.hardware ',' comp.sys .mac.hardware ','
comp.windows.x ',' misc.forsale ',' rec.autos ','
rec.motorcycles ',' rec.sport.baseball ',' rec.sport.hockey ','
```

sci .crypt, sci.electronics, sci.med, sci.space, soc.religion.christian, talk.politics.guns, talk.politics.mideast, talk.politics. .misc ',' talk.religion.misc '] Conjunto de datos 59 Importación de una reunión. Si queremos importar un entrenamiento y un conjunto de pruebas independientes, hacemos lo siguiente:
>>> train_data - conclude.datasets.fetch_2onewsgroups (subconjunto de 'tren', categorías ' grupos)
>>> imprimir (len (train_data.filenames)) 11314
>>> test_data á sklearn.datasets.fetch_2onewsgroups (subconjunto de 'prueba')
>>> imprimir (len (test_data.filenames)) 7532 Nos limitaremos a una serie de grupos de noticias utilizando el parámetro category de la siguiente manera:
>>> grupos á ['comp.graphics', 'comp.os.ms-windows.misc', 'comp.sys.ibm.pc.hardware', 'comp.sys.mac.hardware', 'comp.windows.x', 'sci.space'] >>> train_data á concaten.datasets.fetch_2onewsgroups (subconjunto de 'tren', categorías: grupos)
>>> imprimir (len (train_data.filenames)) 3529
>>> test_data á sklearn.datasets.fetch_2onewsgroups (subconjunto de 'prueba', categorías ' grupos)
>>> imprimir (len (test_data.filenames)) 2349 Siempre hay que tener en cuenta una cosa: los datos reales se silencian.

El conjunto de datos que utilizamos no es una excepción porque contiene caracteres que pueden provocar un error UnicodeDecodeError. Por lo tanto, debe tenerse en cuenta que durante la vectorización, estos caracteres se omiten.

```
>>> vectorizador - StemmedTfidfVectorizer (min_df 10,
max_df a 0,5, ... stop_words 'Inglés', decode_error 'ignorar')
>>> vectorizado - vectorizer.fit_transform (train_data.data)
>>> num_samples, num_features á vectorized.shape
>>> imprimir ("muestras de la pantalla:% d, #features:% d"%
(num_samples, num_features)) #samples: 3529, #features:
4712
```

Esto significa que tenemos un conjunto de 3.529 mensajes y que para cada vector de entidad de publicación hemos formado un vector de 4.712 etiquetas. Estos son los datos de entrada para el algoritmo de entorno K. Estableceremos el número de clústeres en 50 (para el ejercicio puede probar otros valores para el número de clústeres).

```
>>> num_clusters a 50 >>> de import.cnet import KMeans
>>> km á KMeans (n_clusters á num_clusters, init á
'aleatorio', n_init á 1, verbose á 1, random_state a 3) >>>
km.fit (vectorizado)
```

Después del clúster, para cada publicación vectorizada podemos extraer el número del clúster al que pertenece (valor entero) utilizando km.labels_. Los centroides están disponibles a través de km.cluster_centers_. >>> imprimir (km.labels_) [48 23 31 ..., 6 2 22] >>> imprimir (km.labels_.shape) 3529 Se pueden asignar nuevos postes a clústeres mediante km.predict.

Todo lo que hemos hecho hasta ahora se utilizará en el siguiente post que se asigna a la variable new_post. "Problemas de la unidad de disco. Hola, tengo un problema con mi disco duro. Después de 1 año, funciona sólo esporádicamente ahora. Traté de formatearlo, pero ahora ya no arranca. ¿Alguna idea?

Como se mencionó anteriormente, debemos vectorizar la publicación antes de predecir el clúster. >>> new_post_vec á vectorizer.transform ([new_post]) >>> new_post_label á km.predict (new_post_vec) [0] El vector de la nueva publicación no es compatible con todos los mensajes, sino solo con los que pertenecen al mismo clúster. Recuperaremos sus índices del conjunto de datos original. >>> similar_indices (km.labels _ á new_post_label) .nonzero () [0]

La comparación entre corchetes da como resultado una cadena de valores booleanos y la función nonzero () convierte la cadena resultante en una cadena más pequeña que contiene solo valores True.

Cálculo de la similitud (conexión) de los mensajes.
Crearemos una lista de todas las publicaciones del clúster y mediremos la similitud de las publicaciones existentes con la nueva. >>> similares a [] >>> para i en similar_indices: ... dist á sp.linalg.norm ((new_post_vec - vectorizado [i]). toarray ()) ... similar.append ((dist, dataset .data [i])) >>> similar á ordenado (similar) >>> print (len (similar)) 131

Después de calcular la similitud, se puede mostrar el post más similar (colocado en la variable show_at_1), y con el fin de obtener información sobre los resultados del cálculo de similitud, también mostraremos dos mensajes menos similares del mismo clúster. >>> show_at_1 - similar [o] >>> show_at_2 á similar [int (similar) / 10)] >>> show_at_3 á similar [int (similar) / 2)]

La similitud del post colocado en la variable show_at_1 con el nuevo post e-neolineado es 1.038 y el contenido es: BOOT PROBLEM con el controlador IDE Hi, tengo una tarjeta Multi I / O (controlador IDE + interfaz serial / paralela) y dos unidades de disquete (5 1/4 , 3 1/2) y un Quantum ProDrive 80AT conectado a él. Pude formatear el disco duro, pero no pude arrancar desde él. Puedo arrancar desde la unidad A: (qué unidad de disco no importa) pero si quito el disco de la unidad A y presiono el interruptor de reinicio, el LED de la unidad A: continúa brillando, y el disco duro no se accede en absoluto. Supongo que esto debería ser un problema de la tarjeta Multi I / O o la configuración de la unidad de disquete (configuración de puente?) ¿Alguien tiene alguna pista de cuál podría ser la razón de ello. [...]

La similitud de la publicación colocada en la variable show_at_2 con la nueva publicación es 1.150 y el contenido es: Arranque desde la unidad B tengo una unidad de 5 1/4 "como unidad A. ¿Cómo puedo arrancar el sistema desde mi unidad 3 1/2" B? (De forma óptima, el equipo podría arrancar: ya sea a o B, comprobándolos para un disco de arranque. Pero: si tengo que

cambiar los cables y simplemente cambiar las unidades para que:
no pueda arrancar discos de 5 1 / 4 ", está bien. Además, boot_b no
hará el truco por mí. [...] Resolución de un problema determinado
70 Visualización de mensajes relevantes. La similitud del post
colocado en la variable show_at_3 con el nuevo post es 1.280 y el
contenido es: IBM PS / 1 vs TEAC FD Hello, ya he probado
nuestro nacional sin éxito. Traté de reemplazar a un amigo con un
disquete original de IBM en su PS / 1-PC con una unidad TEAC
normal.

Ya he identificado la fuente de alimentación en los pines 3 (5V) y 6
(12V), el pin 6 cortocircuitado (interruptor de 5,25 "/3,5") y las
resistencias pullup insertadas (2K2) en los pines 8, 26, 28, 30 y 34.
El ordenador no se queja de un FD perdido, pero la luz de los FDs
todavía está en el reloj. La unidad gira bien cuando inserto un disco,
pero no puedo acceder a él. El TEAC funciona bien en un PC
normal. ¿D? [...]

Es interesante cómo los mensajes reflejan el resultado de las
mediciones de similitud. El primer post contiene todas las palabras
resaltadas de nuestro nuevo post. El segundo post también se refiere
a un problema de arranque, pero se trata de disquetes en lugar de
discos duros. Por último, el tercer post ni siquiera se aplica al
problema del arranque o los discos duros. Sin embargo, podemos
notar que los tres mensajes (incluyendo al menos el mismo)
pertenecen al mismo dominio problemático que la nueva
publicación.

¿Es realista esperar una agrupación perfecta? No podemos esperar una agrupación perfecta en clústeres en el contexto en el que las publicaciones del mismo grupo de noticias (por ejemplo, comp.graphics) se colocan en el mismo clúster.

Una de las razones de esto es el ruido. Tenga en cuenta la siguiente publicación: >>> post_group á zip (train_data.data, train_data.target) >>> all á [(len (post [0]), post [0], train_data.target_names [post [1]]) para la publicación y post_group] >>> gráficos á ordenado ([post para post en todo si se publica [2] á 'comp.graphics']) >>> imprimir (gráficos [5]) (245,' De: SITUNAYA á IBM3090. BHAM. AC.UK nSujeto: prueba .... (lo siento) nOrganización: La Universidad de Birmingham, Reino Unido - líneas: 1 nNNTP-Posting-Host: ibm3090.bham.ac.uk <... Snip... > ',' comp.graphics')

¿Hay indicadores que indiquen que este post pertenece al grupo en el que se encuentra? Después del preprocesamiento (tokenización, eliminación de palabras de detención y reducción de minúsculas), obtenemos palabras que no son una indicación suficiente de que la publicación pertenece al grupo comp.graphics. "Estándar" >>> noise_post de gráficos [5] [1] >>> analizador á vectorizer.build_analyzer () >>> impresión (lista (analyzer (noise_post))) ['situnaya', 'ibm3090', 'bham' " ", 'uk', 'asunto', 'test', 'sorri', 'órgano', 'univer', 'univer', 'univer', 'univer', 'univer', 'univer', 'univer', 'univer', 'univer', ' birmingham', 'unit', 'kingdom', 'line', 'nntp' post ',' host ',' ibm3090 ',' bham ',' ac ',' uk '] Si introducimos filtrado adicional usando parámetros min_df y max_df, la situación empeora porque obtenemos las siguientes palabras: ac, birmingham,

"Host", "kingdom" ", "nntp", "sorri", "test", "uk", "unit" y "univers".

El proceso de procesamiento de una colección de documentos de idioma no es trivial. En nuestro caso, el preprocesamiento de datos se reduce a la conversión de documentos de texto en vectores numéricos adecuados para la agrupación en clústeres y las mediciones de similitud. 2. El análisis de clústeres ha demostrado que los mensajes vectorizados del mismo dominio problemático (principalmente) pueden agruparse en los mismos clústeres, de los cuales la medición de la similitud puede distinguir los mensajes relacionados con el nuevo. 3. El ruido de los datos puede afectar negativamente al rendimiento de la agrupación en clústeres. Experimente con el número de clústeres, la elección de centroide inicial, enfoques de agrupación en clústeres basados en otras métricas!

CAPÍTULO 4

Modelado

❋ ı ❋ ı ❋ ı ❋ ı ❋ ı ❋ ı ❋ ı ❋ ı ❋ ı ❋ ı ❋ ı ❋ ı ❋

¿Cuál es la diferencia entre agrupación y modelado?

En el capítulo anterior, agrupamos documentos textuales mediante agrupación. Cada documento después de la agrupación en clústeres pertenece exactamente a un clúster. Sin embargo, supongamos que tenemos un libro que se ocupa del aprendizaje automático y el lenguaje de programación Python. Hacemos la pregunta: ¿qué clúster se debe poner en el libro - en un clúster donde se agrupan los libros o clústeres de aprendizaje automático en el que se agrupan los libros de Python?

En una librería clásica, el libro estará en un estante en una tienda de escaparates (es decir, es un tema en cuestión). En Internet Store, también podemos etiquetar este libro como un libro de aprendizaje automático y como un libro que trata sobre Python, lo que significa que debe aparecer en dos secciones en una librería en línea (dos temas). Esto no significa que el libro se enumerará en todas las secciones, por ejemplo, en una sección que contiene libros sobre la cocina, el ocultismo y similares.

¿Qué haremos en este momento? Esta vez, procesaremos métodos que no agrupan documentos en grupos completamente independientes, pero permiten que cada documento haga referencia a varios temas, con temas identificados automáticamente por una colección de documentos de texto.

El subcampo de aprendizaje automático que aborda este problema se denomina modelado de temas. Los documentos pueden ser libros o textos más cortos como blogs, noticias o correos electrónicos. LDA se abrevia a partir de los términos ingleses de los siguientes métodos: asignación de Dirichlet latente y análisis discriminante lineal.

Los métodos se relacionan con cosas completamente diferentes - temas de modelado y clasificación, respectivamente. Asumiremos que tenemos las siguientes frases:

1. "Comí un batido de plátano y espinacas para el desayuno."

2. "Me gusta comer brócoli y plátanos."

3. "Chinchillas y gatitos son lindos."

4. "Mi hermana adoptó un gatito ayer."

5. "Mira a este lindo hámster comiendo en un pedazo de brócoli."

LDA es una forma de detectar automáticamente los temas que contienen estas oraciones. Para las frases anteriores y dos temas, la LDA puede producir lo siguiente: frases 1 y 2 - 100% de los temas

A, frases 3 y 4 - 100% de los temas B, frases 5 - 60% de los temas A, 40% de los temas B. tema A - 30% brócoli, 15% bananas, 10% desayuno desayuno , 10% masticando, etc., por lo que podemos concluir que el tema A se refiere a la comida, tema B - 20% chinchillas, 20% gatitos, 20% lindo, 15% hámster, etc. por lo que podemos concluir que el tema B se refiere a los animales. La pregunta es, ¿cómo funciona esto realmente? El LDA "observa" el documento como una mezcla de temas sobre la base de los cuales se generan palabras con diferentes probabilidades.

El LDA se basa en la suposición de que cada documento de la colección está escrito de la siguiente manera

- mientras escribe un documento, usted: seleccione el número N del documento que tendrá el documento; seleccionar una mezcla de estos temas (según la distribución de Dirihle en el conjunto final de Elements)

- por ejemplo, 1/3 se refiere a los alimentos, 2/3 por animal; usted genera cada palabra en un documento seleccionando un sujeto con una probabilidad dada (por ejemplo, alimentos con una probabilidad de 1/3), luego usa el sujeto para generar una palabra (por ejemplo, "brócoli" con una probabilidad del 30%, "bananas" con una probabilidad del 15%, etc.)

Este modelo de generación de documentos, LDA "reversing" encuentra un conjunto de temas que probablemente generaron una colección de documentos. Para obtener un ejemplo de generación de un documento d: Documento d tendrá 5 palabras. La mitad del documento se referirá a la comida y la otra mitad a los animales. La primera palabra que elegimos del tema que se refiere a la comida - "brócoli". La otra palabra se elige del tema que se refiere a los animales - "panda". La tercera palabra que elegimos de un tema relacionado con los animales - "adorable". La cuarta palabra se elige del tema relacionado con la comida - "cerezas". La quinta palabra que elegimos del tema relacionado con la comida - "comer".

El documento generado sobre la base del modelo LDA es "broccoli panda adorables cerezas comiendo". Como pueden ver, LDA es el llamado entrenamiento con el método de muestreo Gibbs colapsado.

Supongamos que tenemos una colección de documentos para los que queremos descubrir temas K. Pasamos a través de cada documento y de forma aleatoria, asignamos cada palabra a uno de los temas K.

Las asignaciones aleatorias dan como resultado una asignación "no muy significativa" de estos documentos y la distribución de palabras con respecto a los temas, por lo que se aplica el siguiente algoritmo para hacer una asignación significativa de estos documentos después de un cierto número de iteraciones . Para cada documento d, cada palabra w documento d, y cada tema t, calcular: p (t á d) - la relación de palabraen en el documento d asignado al tema t, ip (w á d) - la proporción de todos los documentos que contienen la palabra w temas t. Asignar una palabra a un nuevo tema , donde se elige el tema t con la probabilidad p (t á d) á p (w a d). Sobre la base del modelo generativo, llegamos a la conclusión de que esta es la probabilidad de que el tema t generó la palabra w por lo que es significativo reemplazar el tema actual que generó la palabra.

En otras palabras, en este paso, suponemos que los vínculos entre temas y palabras son correctos para todas las palabras excepto para la que estamos procesando actualmente, para que la palabra actual se adapte. Después de un gran número de iteraciones, se obtiene un estado estable con muy buenas asignaciones.

Necesitamos un paquete gensim que admita LDA. Puede instalar el paquete con el comando: pip install gensim. Aparte del paquete gensim, también necesitamos un conjunto de datos. Usaremos la colección de noticias Associated Press *, que a menudo se utiliza en la investigación relacionada con el modelado de temas. Después de la descarga, el paquete se importa de la siguiente manera:

```
>>> de gensim import corpora, modelos
>>> corpus - corpora. BleiCorpus ('./ data / ap / ap.dat',
'./data/ap/vocab.txt' ) Creación de un modelo temático 13
Creación de un modelo. Un corpus variable contiene todos
los documentos de texto en un formato adecuado para su
posterior procesamiento.
El modelo se puede crear utilizando este objeto como
entrada: modelo - models.ldamodel.LdaModel (corpus,
num_topics á 100, id2word á corpus.id2word) El modelo
```

resultante se puede probar de diferentes maneras, por ejemplo:

>>> doc á corpus.docbyoffset (0)

>>> temas á modelo [doc]

>>> impresión (temas) [(3, 0.023607255776894751), (13, 0.11679936618551275), …. (92, 0.10781541687001292)]

El resultado del código anterior es en menor medida diferente de cada inicio en el mismo conjunto de datos, porque los números aleatorios se utilizan en la fase de entrenamiento del modelo. Si usamos temas para comparar documentos, entonces el algoritmo es lo suficientemente robusto y los cambios son pequeños. Por otro lado, la secuencia de diferentes temas es bastante caótica.

Generaremos un histograma desde el que podrá ver cuántos temas se asignan a los documentos. >>> num_topics_used á [len (modelo [doc]) para doc in corpus] >>> plt.hist (num_topics_used) Basado en el histograma se puede ver que el mayor número de documentos están relacionados con unos 5 temas, y casi no hay documentos relacionados con más más de 20 temas.

Hacemos la siguiente pregunta: ¿por qué el histograma se ve así o por qué vinculamos documentos con un pequeño número de temas? Una de las principales causas es el llamado parámetro alfa. Sin la orientación "matemáticas", los valores de parámetro alfa más altos darán como resultado un mayor número de temas que son relevantes para el documento.

El valor del parámetro debe ser positivo, pero normalmente se establece en un valor de menos de uno. De forma predeterminada, el gensim establecerá el valor del parámetro en 1 / num_topics, pero se puede reenviar "manualmente" al constructor LdaModel de la siguiente manera: >>> model á models.ldamodel.LdaModel (corpus, num_topics á 100, id2word á corpus.id2word, alpha - 1) En el nuevo histograma que hicimos podemos ver que muchos documentos están relacionados con 20 a 25 temas diferentes. Si reduce el valor, sucederá lo contrario.

Técnicamente, se trata de distribuciones multinomiales, lo que significa que asignan la probabilidad a cada palabra del diccionario. Las palabras con alta probabilidad están más relacionadas con este tema que las palabras con menos probabilidad. Vamos a esbozar las palabras con las creencias más altas para varios temas.

Tema no. Tema 1 vestido militar presidente soviético nuevo estado capturado carlucci estado líder postura gobierno 2 koch zambia lusaka oneparty partido naranja kochs y alcalde del gobierno nuevo político 3 abusos de derechos de pavo humano royal thompson amenazas nuevo estado escribió jardín presidente 4 bill empleados experimenta levin impuestos federal medida ley presidente denunciantes patrocinador 5 ohio julio sequía desastre porcentaje hartford mississippi cultivos northern valley virginia 6 unido porcentaje mil millones de años presidente años mundiales estados y bush noticias 7 b hughes declaración jurada afirma ondulación unida supsuilla salimiento de cuidado de pies cuadrados retrasando cobrado unirrealista arbusto 8 yeutter dukakis bush convención de la convención de la granja subsidios uruguay por ciento secretario general i le dijo a 9 kashmir pueblo del gobierno srinagar India vuelca ciudad dos jammukashmir grupo moslem Pakistán 10 trabajadores vietnamita irlandés salario inmigrantes por ciento negociación último hutton de la policía de la isla I

Aunque a primera vista parece extraño, cuando leemos la lista de palabras, podemos ver claramente que los temas no son sólo una lista de palabras aleatorias, sino que son grupos lógicos. También vemos que estos temas están relacionados con noticias antiguas, por ejemplo, fechadas desde el momento, la Unión Soviética siguió existiendo, y Gorbachov era el Secretario General. También podemos presentar temas como las llamadas nubes de Word, en las que es más probable que las palabras se escriban como más grandes.

Por ejemplo, una nube de palabras que se relaciona con Oriente Medio y la política se encuentra fácilmente en el conjunto de datos.

Es necesario instalar pytagcloud.

• maxsize - el tamaño de la palabra más grande (int, opcional), fontname - el nombre de la fuente (por ejemplo, nombre de la palabra, 'maxsize ? 120, fontname " Lobster '): - oname - archivo de salida, str, opcional) de pytagcloud import create_tag_image, make_tags á gensim devuelve el peso entre 0 y 1 para cada palabra, y pytagcloud espera el número entero.

• Multiplicamos todos los números grandes y redondeamos lo que es una buena aproximación para esta visualización. etiquetas de la palabra [(w, int (v * 10000)) - make_tags (palabras, maxsize - maxsize) create_tag_image (etiquetas, oname, size á (1800, 1200), fontname - fontname)

De la nube de palabras se puede ver que algunas palabras deben ser eliminadas (por ejemplo, la palabra "yo"). Las palabras Stop no contienen tanta información y no necesitan darles el mismo significado que las palabras que no aparecen a menudo en contextos diferentes. Por lo tanto, al modelar el tema, es necesario filtrar la palabra de detención, de lo contrario se puede formar un tema que consiste exclusivamente en la palabra stop. Además, es necesario normalizar la palabra, es decir, reducir la palabra a la forma, por ejemplo, la normalización de diferentes formas de verbos.

Después de modelar temas, es posible que cada documento calcule cuánto del documento "emerge" de un tema, cuánto del otro, etc. Esto significa que podemos comparar documentos en "espacio espacial" (espacio de temas). En pocas palabras, en lugar de comparar la palabra, decimos que los dos documentos son similares si se relacionan con los mismos temas. Esto es muy útil en los casos en que dos documentos que contienen varias palabras comunes se refieren al mismo tema utilizando construcciones diferentes (por ejemplo, un documento contiene el "Presidente de los Estados Unidos", mientras que el otro contiene "Donald Trump").

En otras palabras, ya no comparamos documentos basados en la palabra vector, sino basados en el vector de tema (vector de tema). Proyectamos documentos en el espacio temático - eso significa que queremos tener temas vectoriales que resuman el documento. Cuando se calculan temas para cada documento, podemos realizar operaciones en el vector de tema y olvidarnos de las palabras originales. Si los temas son importantes, serán potencialmente más informativos que las palabras en bruto. Además, esto puede conducir a una disminución en el cálculo total al comparar el vector, ya que la comparación mucho más rápida de 100 vectores que contienen el peso del tema, que el vector que contiene miles de términos, es mucho más rápida.

```
>>> de gensim import matutils
>>> temas á matutils.corpus2dense (modelo [corpus],
num_terms - model.num_topics)
>>> de scipy.spatial import distance >>> pairwise -
distance.squareform (distance.pdist (temas ))
>>> más grande á por pares.max () >>> para usted en el
rango (len (temas)): en pares [ti, ti] - más grande + 1 >>> def
closest_to (doc_id): volver en pares [doc_id] .argmin ()
```

Temas variables es un tema de matriz. Calculamos la distancia entre sí utilizando la función SciPy pdist. Con una llamada de función, contamos todos los valores: sum ((temas [ti] - temas [tj])

** 2). Los elementos de matriz diagonal se establecen en un valor mayor que cualquier valor de la matriz. ¿Puedes adivinar por qué es necesario? La función closest_to funciona de forma similar a los métodos de los vecinos más cercanos. De: geb@cs.pitt.edu (Gordon Banks) Asunto: Re: Solicitud de información sobre "temblor esencial" e Indrol? En artículo

<1q1tbnINNnfn@life.ai.mit.edu> sundar@ai.mit.edu escribe:

El temblor esencial es un temblor hereditario progresivo que empeora cuando un paciente intenta usar al miembro afectado. Todas las extremidades, las cuerdas vocales y la cabeza pueden estar involucradas. Inderal es un betabloqueante y generalmente es eficaz en la disminución del temblor. El alcohol y la misolina también son eficaces, pero el alcohol es demasiado tóxico para usarlo como tratamiento. --- Gordon Banks N3JXP, geb@cadre.dsl.pitt.edu "El escepticismo es la castidad del intelecto, y es vergonzoso entregarlo demasiado pronto", ---

Si pedimos el documento más similar al anterior, el closest_to_ (1) devolverá el puesto del mismo autor en el que también se tienen en cuenta los medicamentos.

De: geb@cs.pitt.edu (Gordon Banks)

Asunto: Re: Alta prolactina En el artículo <93088.112203JER4@psuvm.psu.edu> JER4@psuvm.psu.edu (John E. Rodway) escribe:>

¿Algún comentario sobre el uso de la droga Parlodel para alta prolactina en la sangre? > Puede suprimir la secreción de prolactina. Es útil en casos de galactorrea. Algunos adenomas del secreto de la hipófisis demasiado. ------------------------------------ Gordon Banks N3JXP, geb@cadre.dsl.pitt.edu "El escepticismo es la castidad del intelecto, y es vergonzoso entregarlo demasiado pronto", --

La implementación inicial del LDA es lenta (el algoritmo original fue publicado en el trabajo científico en 2003), lo que limita su uso a una pequeña colección de documentos. Sin embargo, los algoritmos modernos funcionan bien con una colección muy grande de datos (un método que usaremos para procesar Wikipedia fue creado en 2010). Siguiendo la documentación del paquete gensim, crearemos un modelo temático para una parte de Wikipedia en inglés. Tenga en cuenta que esto es factible en su computadora portátil, pero consume mucho tiempo. Primero descargue el archivo de volcado de Wikipedia (tenga en cuenta que este es un tamaño de archivo de varios GB):

https://dumps.wikimedia.org/enwiki/latest/enwiki-latest-pages-articles.xml.bz2. A continuación, se indexa mediante una herramienta gensim, llamando desde la línea de comandos en lugar de desde el shell de Python: python -m gensim.scripts.make_wiki enwiki-latest-pages-articles.xml.bz2 wiki_en_output Después de un tiempo, el índice se generará en el mismo directorio.

Después de eso, importamos el paquete gensim y el paquete de grabación de eventos: >>> registro de importación, gensim Grabamos eventos mediante el módulo de registro estándar de Python (que genism utiliza para mostrar mensajes de estado). Este paso no es obligatorio, pero en los casos en que el procesamiento de datos toma mucho tiempo, es deseable obtener cierta información sobre lo que está sucediendo.

```
>>> logging.basicConfig (formato á '% (asctime) s:%
(nombre de nivel) s:% (mensaje) s', nivel á logging.INFO)
Cargamos los datos preprocesados de la siguiente manera:
>>> id2word á gensim.corpora.Dictionary.load_from_text
('wiki_en_output_wordids.txt')
>>> mm á gensim.corpora.MmCorpus
('wiki_en_output_tfidf.mm') Creamos el modelo LDA como
antes. Tenga en cuenta que esta operación lleva mucho
tiempo. En la consola verá qué parte del trabajo realizado
por el algoritmo, que le permite concluir cuánto tiempo más
esperará.
>>> modelo á gensim.models.ldamodel.LdaModel (corpus á
mm, id2word , id2word, num_topics de 100, update_every,
1, chunksize , 10000, pases 1) ¿Cómo podemos preservar el
modelo? Después de generar un modelo, puede grabarlo
utilizando el método save () para no repetir el proceso.
>>> model.save ('wiki_lda.pkl') El modelo se puede cargar en
la nueva sesión de la siguiente manera: >>> model á
gensim.models.ldamodel.LdaModel.load ('wiki_lda.pkl')
```

Aunque teníamos significativamente más documentos que en el caso anterior (alrededor de 4 millones en 2015), el modelo sigue siendo del tipo escaso.

> >>> impresión (np.mean (lente)) 6.41
>
> >>> imprimir (np.mean (lente <-10)) 0.941 Esto significa que un documento promedio asociado con 6.4 temas y que el 94% de los documentos están asociados con 10 o menos temas. ¿Cuál es el tema más común en Wikipedia? Haremos la siguiente pregunta: ¿De qué se habla más en Wikipedia? Primero, calcularemos el peso total de cada tema (añadiendo el peso de todos los documentos) y luego extraeremos las palabras relevantes para el tema. Podemos hacer esto con el siguiente código:
>
> >>> pesos á topics.sum (eje 0) >>> words á model.show_topic (weights.argmax (), 64) Después de la visualización vemos que la música El tema más utilizado - alrededor del 18% de las páginas de Wikipedia están relacionadas con este tema, y alrededor del 5,5% de todas las Wikipedias palabras se asignan a este tema. * La palabra nube para Wikipedia se traza sobre la base de datos de 2015. Dado que Wikipedia está en constante cambio, lo más probable es que obtenga una nube diferente de palabras.

¿Cuál es el tema menos presente en Wikipedia? Si argmax () se reemplaza por argmin (), obtenemos la palabra nube para el tema menos presente.

> >>> palabras á model.show_topic (weights.argmin (), 64) Lo menos de lo que se habla es más difícil de interpretar.
> Algunas de las palabras más significativas apuntan a los aeropuertos de los países del este. Alrededor del 1,6% de los documentos se refieren a este tema, y menos del 0,1% de todas las palabras en Wikipedia se asignan a este tema.

¿Afecta significativamente el número de ellos al resultado final? Hasta ahora, hemos utilizado un número fijo de temas para nuestros análisis - 100. Era un número bastante arbitrario - podríamos haber utilizado 20 o 200 temas. Para muchos propósitos, este número no es demasiado importante. Si usamos los temas solo como un paso intermedio (como cuando se buscan publicaciones similares), el comportamiento final del sistema rara vez es más sensible al número exacto de temas utilizados en el modelo.

Esto significa que mientras utilice suficientes temas, ya sea que utilice 100 o 200, las recomendaciones que salen del proceso no serán muy diferentes. 100 temas son a menudo bastante buenas opciones, mientras que 20 son demasiado pequeños para una colección general de documentos de texto. Lo mismo es cierto para establecer el valor del parámetro alfa - durante el experimento con él el sujeto puede cambiar, pero los resultados finales son robustos contra este cambio.

Notas finales 41 Determinar automáticamente el número de temas. Hay varios métodos que determinarán automáticamente el número de temas en función del conjunto de datos. Uno de los modelos es un proceso jerárquico de Dirichlet. A diferencia del LDA, donde el número de temas es fijo, en este caso los temas se generan junto con los datos - uno por uno. Generalmente, esto significa lo siguiente: cuantos más documentos, más temas.

CAPÍTULO 5

Funciones de activación
para el modelado

En Python, las funciones de activación se pueden utilizar para construir redes neuronales. La inclusión de estas funciones es importante porque ordenan qué neurona de la red se utiliza para qué se crea una salida. La salida de las neuronas y qué información pasa a través de la cual las neuronas también son dictadas por estas funciones. Una función de acción es una transformación que se inicia en la capa de entrada donde la salida de la capa se utiliza como entrada en las demás.

Funciones de activación populares

Función de paso binario

Esta función se basa en umbrales. Es un clasificador que dicta si un proceso de cálculo de redes podría usar una neurona. La neurona se activa si su valor de salida es mayor que el umbral dado. Si no es la neurona no debe activarse.

La forma básica de la función es :f(x) á 1, x> .0.

Este es un ejemplo de una función de activación simple. Este se puede utilizar si es necesario hacer un clasificador binario.

Función Sigmoid

La función sigmoid es otra función de activación simple. La mayoría de los ingenieros utilizan esto cuando están desarrollando una red neuronal profunda. Los ejemplos de la función sigmoid que se encuentran en los libros se utilizan para activar las capas de la red. La forma de las funciones es: f(x) a 1/(1+e--x).

La función en sí es continuamente diferenciable, suave y no lineal. Por no lineal, se implica que una salida no lineal sale cuando se multiplica el número de neuronas que tienen la función. El valor de salida viene en el rango entre 0 y 1, donde se incluyen 1 y 0 y el diagrama se dibuja en forma de S.

Tanh

La función tanh es bastante similar a la función sigmoide, ya que la función tanh es una versión escalada de la función sigmoid. La siguiente función le da el resultado final: tanh(x) á 2sigmoid(2x)-1.

La función también se puede escribir de la siguiente manera: tanh(x)-2/ (1+e-(-2x))-1. Diferente a la función sigmoide, la función tanh es simétrica. Esto resuelve el problema de que los valores finales serán del mismo signo. Al igual que la función sigmoide, el tanh es continuo en todos los puntos y diferenciable. Al ser no lineal, hace que sea más fácil para los ingenieros volver a propagar errores.

ReLU

La unidad lineal rectificada, también conocida como función ReLU, tiene la siguiente forma: f(x)-max(0,x). Al diseñar redes, esta función es ampliamente utilizada. Es una función no lineal, lo que significa que la retropropagación de errores y la activación de varias capas de neuronas son todos posibles. No tener que activar cada neurona en la red es una de las ventajas de trabajar con ReLU. Esto significa que desactivará una neurona y convertirá su salida a cero si es negativa. Las redes serán escasas en este caso y calcular el problema será mucho más fácil.

Elegir la función de activación correcta

Aprender cuándo se puede utilizar cada función de activación y lo que hace en la situación es la siguiente cosa que debe aprender después de haber llegado a conocerlos mejor. Dependiendo de las propiedades de un problema puede determinar qué activación es la mejor para la situación.

- Los problemas de clasificación se resuelven mediante la función Sigmoid y sus combinaciones.

- Si desea evitar el problema del degradado de fuga no debe utilizar la función Activación Sigmoid y sus variantes.

CAPÍTULO 6

Pasemos la Matematica

¡Terminamos! Habrá poca o ninguna matemática a partir de este momento. Ya has entendido los fundamentos de LA ML, y tu base matemática parece lo suficientemente fuerte como para seguir adelante.

Mantener la capacitación y los datos de prueba separados

Cuando se trata de aprendizaje supervisado, debe proporcionar a la máquina un conjunto de datos de entrenamiento. Necesita contener etiquetas y los objetos que presentan. Debe mostrar a la máquina cómo se vinculan algunas etiquetas a los objetos. A continuación, introduzca un conjunto de datos de validación más grande de objetos que no están conectados a las etiquetas para poder medir cómo se ocupa la máquina de los objetos nuevos. Dígale a la máquina cuándo comete un error y cuándo hace una buena elección.

De esta manera la máquina puede ajustar y afinar. Tenga en cuenta que el conjunto de datos de validación es solo una parte de un conjunto de entrenamiento más grande y está diseñado específicamente para ajustar los parámetros de la red. La base de datos que se utiliza para la prueba solo se utiliza para la medición del rendimiento final.

Los equipos inexpertos tienden a combinar los datos de entrenamiento y pruebas para mejorar los resultados de su modelo. De esta manera permiten que la máquina acceda a algunas de las respuestas. Este enfoque mejora los resultados, sin embargo, el rendimiento se ve afectado debido a que la máquina carece de la capacidad de ajustar los pesos y sesgos. La mejora puede ser menor y bastante superficial. Casi nunca vale la pena. Puede comparar esto con un estudiante que usa trucos en un examen. Puede que le vaya bien en la prueba, pero su conocimiento será escaso.

Lo que debe tomar de esto es que es una mala idea mezclar los dos tipos de datos. Siempre deben estar separados.

Elegir cuidadosamente sus datos de formación

Las máquinas son comparables a los seres humanos cuando se trata de aprender de la manera en que pueden encontrarse con un bloqueo mental a veces. La alimentación de los datos de entrenamiento de la máquina que no están vinculadas a los datos de prueba puede darle un falso positivo y puede terminar desorientado en el rendimiento de su máquina. Es similar a la multiplicación. Si enseñas a alguien a multiplicar números de un solo dígito y le pides que resuelva problemas que conciernen a la multiplicación de números con más dígitos, sus resultados están destinados a sufrir. De forma similar, debe asegurarse de que los datos de entrenamiento sean representativos de los datos que utilizará después y durante las pruebas.

Asegúrese de no seleccionar los datos con su propio sesgo. Digamos que está tratando de desarrollar un modelo que pueda predecir los resultados de la votación en todo el país. Si solo alimenta los datos de la máquina sobre cómo las mujeres blancas y de mediana edad forman un voto determinado, el programa está obligado a hacerlo mal. En resumen, si los datos que proporciona a la máquina solo consideran un conjunto limitado de parámetros, no le irá bien en las pruebas.

Tomar un enfoque exploratorio

El aprendizaje automático supervisado es una gran herramienta que puede ayudar a responder preguntas específicas, así como a resolver problemas específicos. Debido a esto, la mayoría de las organizaciones tienden a ignorar el potencial que radica en explorar el aprendizaje no supervisado. Esta valiosa herramienta se deja infrautilizada, ya que es difícil de conceptualizar y red artificial que puede reconocer patrones que no se introducen a mano.

Aunque puede ser tentador ver el aprendizaje automático como otro proyecto. Hay más complejidades de lo que puededarse imaginar al principio. No quieres que tus equipos escupan informes. Lo que está buscando es encontrar una manera de encontrar patrones en los datos que pueden ayudarle a averiguar cómo es la próxima idea innovadora, así como ayudarle a ver los problemas que no estaba consciente o que nunca buscó.

Elegir la herramienta adecuada para el trabajo

Si bien el aprendizaje automático es de hecho una herramienta poderosa, verá que no es la única herramienta. A veces, puede obtener la información que desea de maneras más fáciles, como mirar un gráfico o tabla o simplemente hablando con personas de diferentes lugares. Nunca debe asumir simplemente que el aprendizaje automático es la mejor manera de resolver todos los problemas y responder a todas las preguntas.

Además de ciertas cosas en Aprendizaje Automático no estabilizarse, Aprendizaje Automático no tiene tantos problemas. Es difícil recordar que Aprendizaje Automático todavía está en su infancia y todavía está siendo entrenado a medida que la tecnología evoluciona, por lo que debemos ser pacientes y tener en cuenta que va a haber más problemas antes de que se solucionen.

Problemas sin resolver

Como ya hemos dicho, Aprendizaje Automático está cambiando junto con la tecnología, por lo que es probable que llegue un momento en que no tendrá ningún problema con el que lidiar antes de encontrar una respuesta. Incluso ahora, la gente está trabajando en el desarrollo de una manera de evitar estos problemas. Incluso si estos esfuerzos resultan infructuosos, tendrá maneras de analizar los datos y obtener los resultados deseados sin ningún problema. A continuación se enumeran algunos problemas que Aprendizaje Automático no ha podido resolver.

El primer problema gira en torno al espacio de eventos variable. Este problema aún no se ha resuelto como un sistema de clasificación que es capaz de responder de una manera eficiente y significativa va a ser necesario, independientemente de los datos de entrenamiento.

Otro problema es la falta de comprensión contextual al procesar idiomas. Aprendizaje Automático depende en gran medida del análisis de contexto para funcionar porque permite que muchas cosas se malinterpreten. Una de las soluciones es que el equipo de IA abierto podría encontrar algún tipo de solución que ayude a los agentes con la creación de sus propias reglas, en lugar de hacer una situación en la que sea necesario encontrar patrones.

La identificación facial es cada vez más popular como una manera para que las personas desbloqueen sus teléfonos u otros dispositivos, ya que es rápido y es una forma semisegura de prevenir posibles hackeos del dispositivo. Sin embargo, tiene muchos defectos. Por ejemplo, las personas con rasgos faciales similares a los tuyos pueden entrar fácilmente en tu teléfono. Otro problema es que el reconocimiento facial no tiene en cuenta el maquillaje. Esto hace que sea difícil para las mujeres desbloquear su teléfono debido a una ligera alteración en la apariencia.

El aprendizaje automatizado es uno de los principios básicos para la función de Aprendizaje Automático, y si una máquina no puede aprender lo que se supone que debe hacer automáticamente, entonces no será útil para la empresa que lo utiliza. El aprendizaje tiene que extraerse de diferentes recursos, y cuando se forma un gráfico basado en una sensación conectada que se encuentra que falta, entonces el aprendizaje automatizado golpeará un inconveniente y tendrá muchas lagunas en sus funciones. Watson de IBM, por ejemplo, ha hecho un excelente trabajo hasta ahora, pero todavía se necesita un sistema orientado a la inteligencia automatizada.

En algunos Aprendizaje Automático, verá la máquina en una posición en la que tiene que tomar decisiones basadas en su razonamiento en un espacio de prueba que se desvía: esto, sin embargo, no incluye motores basados en reglas. Aprendizaje Automático necesitará espacio para el razonamiento y los agentes discutibles que ayudarán al razonamiento son necesarios para hacer el razonamiento en sí.

Si alguna vez hablaste con Siri y la confundiste al decirle algo o mientras le decías algo a otra persona, te encontraste con un problema que tiene Aprendizaje Automático cuando se trata de la generación de reposo. Para ser más precisos, Siri no puede crear una respuesta contextual mientras hablas con ella a menos que la respuesta ya esté programada o si el problema se puede buscar en Internet.

Aprendizaje Automático también tiene un problema con la regla humana de tres vías. Las máquinas no siempre son capaces de comprender el conocimiento que la humanidad funciona bajo una regla de tres vías que da un tipo y una descripción a una imagen. Si Aprendizaje Automático superaba este problema, sería capaz de clasificar el arte, la música y otras asignaturas.

Otro problema surge cuando se trata de redes de memoria. A pesar del hecho de que es una creencia común que trabajar con tecnología no requiere mucho espacio, este no es el caso. Con el fin de almacenar todos los datos recogidos, es necesario tener mucho espacio disponible.

Como las máquinas no son personas, no pueden idear los pensamientos que la gente puede hacer. Sin embargo, es posible enseñar a las máquinas, no cuando las llevamos al límite, sino cuando las dejamos crecer hasta el punto en que no se necesita la entrada humana. Si bien la tecnología está destinada a tener algunos holdups, eventualmente se resolverán. Una de las posibles razones para no encontrar la solución aún es que nuestra tecnología no está lo suficientemente avanzada.

Algunos problemas que se pueden resolver

Aprendizaje Automático ayuda a muchas empresas e individuos con sus actividades diarias. En el siguiente capítulo, se le presentarán algunos puntos que se tocaron como problemas que aún no han sido resueltos por Aprendizaje Automático. Sin embargo, esto no significa que el aprendizaje automático no funcione si tiene algunos de esos problemas. A veces, un problema se puede parchear y solucionar más tarde, después de que los problemas fueron descubiertos por los usuarios. Siempre puede haber algunos problemas que los desarrolladores no tenían en cuenta en el software y la única manera real de encontrarlos es a través de los propios usuarios.

La detección de spam es ayudada por Aprendizaje Automático. Cuando acceda a su bandeja de entrada, notará correos electrónicos que se enrutan automáticamente a su caja de spam debido a ciertas palabras clave que el programa detectó en otros correos electrónicos. Aún así, algunos spam salconden porque las palabras clave se han encontrado en la bandeja de entrada. Está filtrando esas palabras clave en su bandeja de entrada para la ocurrencia improbable, pero posible, que usted puede querer el correo electrónico a pesar de que es spam. La detección de spam puede evolucionar aún más de muchas maneras, pero es reconfortante ver que está mejorando y mejorando.

En los últimos tiempos, las compañías de tarjetas de crédito han estado vigilando de cerca el uso no autorizado de tarjetas de crédito. Si alguien más lo usó, se le avisará lo antes posible. ¿Cómo es posible? Lo hacen con la ayuda del registro de transacciones. La tarjeta de crédito sabe cuánto gastas mensualmente y si hay algún tipo de actividad en lugares donde normalmente no haces compras o se gasta más de lo previsto, van a asumir que tu tarjeta fue robada y será reportada. Esto puede causar algunos problemas si vas de viaje o si gastas más dinero del que normalmente lo harías.

Aprendizaje Automático está empezando a ser capaz de reconocer códigos postales en sobres para facilitar el proceso de clasificación de los mismos dividiendo los sobres en función de la ubicación geográfica, lo que permite ordenarlos y entregarlos más rápido. No es perfecto, pero está haciendo progresos constantes. El problema principal es el hecho de que las máquinas pueden tener problemas para leer ciertas escrituras a mano. Esto es un problema porque todos escriben de manera diferente.

Como hemos tocado, Siri es capaz de entenderte. ¿No sería genial que otras máquinas pudieran hacer esto? Gracias a Aprendizaje Automático, esto se está convirtiendo en realidad lentamente, pero de manera constante. El principal problema aquí es que Aprendizaje Automático interactúa mal con dialectos y diferentes idiomas. Aparte de eso, el diccionario está evolucionando rápidamente y la máquina no puede mantenerse al día. Incluso con estos problemas, sin embargo, esto no impide que la máquina intente satisfacer su solicitud.

Al subir una foto a Facebook, es posible que te pregunten si quieres etiquetar a una persona si se reconoce una cara en la foto. Esto es ideal para compartir recuerdos y experiencias, así como para conectar con otros. Esto también permite a la persona saber si lo quiere en su perfil o no. Funciona en el mismo principio que el algoritmo que desbloquea la pantalla a través del reconocimiento facial.

Es de conocimiento común que mientras inicia sesión en algunos sitios web como Amazon, se le presenta una lista de productos que pueden interesarle. Estas ofertas se extraen de sus compras anteriores y de los enlaces que ha visitado. El algoritmo busca palabras clave y similitudes y las utiliza para formar una experiencia de compra personalizada que es única para usted. Con el fin de lograr esto, Amazon y sitios web similares utilizan el mismo algoritmo con el fin de mantenerlo regresando. Puedes ver este algoritmo en muchos otros lugares diferentes, como Facebook, donde permite a Facebook acceder a otros sitios web para que pueda interactuar con anuncios que quieras ver, ya que los genéricos tienden a no ser muy atractivos.

El campo de la medicina debe evolucionar constantemente para que no se quede atrás. Aprendizaje Automático se puede utilizar para tomar los síntomas que un paciente está sufriendo. Con esto, pueden conectar estos síntomas a una computadora y obtener varios diagnósticos diferentes. El sistema no es perfecto, pero le va a dar al proveedor de atención médica una dirección para pensar para que puedan dar un diagnóstico preciso para el paciente.

Si alguna vez te metes en las acciones, hay una cosa en la que deberías centrarte en más que cualquier otra cosa. Saber cuándo operar y cuándo aferrarse a las acciones es clave para ganar dinero. Aprendizaje Automático ha creado un algoritmo que toma información financiera y la analiza con el fin de ayudar a los corredores a saber cuándo operar o mantener acciones es la mejor opción. Esto ayuda a un montón de empresas a ahorrar dinero impidiéndoles comprar acciones inútiles o mantener acciones cuyo precio está a punto de desplomarse.

La duplicación y los datos inexactos pueden ser problemas bastante comunes cuando los datos son introducidos por los seres humanos. Con Aprendizaje Automático, sin embargo, los algoritmos funcionan en función del modelado predictivo para solucionar estos problemas. Pueden aprender a lidiar con extensas tareas de documentación y entrada de datos. Esta es una gran ayuda para las personas que quieren centrarse más en la resolución de problemas y no quieren perder el tiempo con el trabajo menial. Esto hace que el proceso sea más eficiente y la máquina hará un mejor trabajo con los datos que un humano.

Dulight es un increíble invento creado por Baidu que ayuda a las personas con discapacidad visual a aprender sobre su entorno. Un ordenador con reconocimiento de imagen se utilizará para inspeccionar el espacio que los rodea y luego transmitirlo a ellos a través de un auricular que les dice lo que verían. Es un invento verdaderamente maravilloso que seguramente va a mejorar muchas vidas.

La mayoría de las empresas del mundo que están en negocios utilizan Aprendizaje Automático ampliamente. Aunque no se utiliza de una manera que pueda ser vista por el público en general o los empleados, se utiliza incluso en los trabajos más simples como el análisis de datos. Esto ayuda a mejorar sus decisiones encaminadas a ganar dinero.

CAPÍTULO 7

Otras aplicaciones del Aprendizaje Automático

En Este capítulo, echamos un vistazo a algunas porciones teóricamente más complejas de ML desde un punto de vista teórico. En lugar de matarte con matemáticas, opté por darte una base, y luego entrar en teoría.

Aprendizaje Automático y Reversiones

En el modelado estadístico, es posible que observe que el análisis de reversión tiene como objetivo ser un proceso que ayuda a estimar las distintas relaciones entre diferentes variables. Esto incluirá varias técnicas que se usan normalmente para el análisis de variables y la coincidencia cuando varias variables se trabajan a la vez cada vez que se muestra la relación entre variables independientes y dependientes.

El análisis de reversión es una herramienta valiosa cuando se trata de entender cómo el valor habitual para los cambios variables a lo largo del tiempo. La reversión también le ayudará a estimar la expectativa condicional de una variable que depende de la variable independiente y el valor medio de dicha variable. Brevemente dicho, Acortará el tiempo que pasa sin hacer malabares con varios valores.

Más poco frecuentes son las situaciones en las que se le presentará una variable que depende de la variable independiente junto con sus parámetros cuantitativos o de ubicación para la distribución condicional. Por lo general, la estimación a la que llegue será una expresión para el valor independiente. A esto lo llamamos la expresión de reversión. En el análisis de reversión, mostrará su interés en la caracterización de la variación de la variable dependiente en relación con la expresión que podemos describir como la distribución de probabilidad.

Uno de los posibles enfoques es tomar un análisis condicional. Esto tomará la estimación del máximo sobre el promedio de las variables dependientes, que se basan, de nuevo, en función de la variable independiente que se proporciona. Esto le permite determinar si la variable independiente es necesaria o suficiente para el valor que contiene la variable dependiente.

Usará la reversión cuando desee pronosticar y cuando se superponga con el aprendizaje automático. Será una buena herramienta para cuando esté probando las relaciones entre variables dependientes e independientes. Cuando se trata de una circunstancia restringida, la reversión se utilizará para inferir la relación causal entre las variables. Sin embargo, debe sin embargo, ser cauteloso, ya que puede darle una relación falsa.

Hay varias técnicas diferentes para la reversión. La reversión lineal y la desviación de mínimos cuadrados son dos de ellos. La expresión de reversión se definirá como números finitos que no tienen un parámetro. La reversión no paramétrica es una herramienta que utilizaremos cuando queremos permitir que la expresión de reversión se utilice como una colección de expresiones para la dimensionalidad infinita.

El rendimiento cuando se trata de análisis de revisiones va a ser un resumen de los métodos que practica como procesos para la generación de datos y cómo se vincula con el enfoque de reversión que aplicó. La verdadera forma de generación de datos no siempre se va a conocer como análisis de reversión y depende del alcance de sus suposiciones.

Las suposiciones que proporcione deberán ser comprobables para que pueda ver si ha proporcionado a la máquina suficientes datos.

Aprendizaje Automático y Robótica

Creo que le hemos ayudado a familiarizarse más con lo que es el aprendizaje automático. No debería sorprenderte que haya despertado un interés en la robótica y se haya mantenido más o menos igual durante los últimos años. Pero, ¿están los robots relacionados con el aprendizaje automático?

La robótica no se ha desarrollado demasiado en los últimos años. Sin embargo, estos desarrollos son una gran base para los descubrimientos por venir y algunos incluso se relacionan con el aprendizaje automático.

Cuando se trata de robótica, las siguientes cinco aplicaciones se aplican en el aprendizaje automático:

1. **Visión por ordenador:** algunos dirían que la visión robótica y la visión artificial son más correctas en lo que respecta a la terminología. Durante mucho tiempo, ingenieros y robóticos han estado tratando de desarrollar un tipo de cámara que permitirá a un robot procesar el mundo físico que lo rodea como datos. La visión del robot y la visión artificial son dos términos que van de la mano. Su creación puede ser acreditada a la existencia de sistemas automatizados de inspección y guía de robots. Los dos tienen una diferencia muy pequeña y viene en cuanto a la cinemática en el uso de la visión robótica. Abarca la calibración del marco de comentarios y mejora la capacidad del robot para afectar a su entorno físicamente.

   Los ya impresionantes avances en la visión por computadora que han sido fundamentales para elaborar técnicas orientadas al aprendizaje de predicciones, ha sido ayudado aún más por una gran afluencia de datos.

2. **Aprendizaje de imitación:** esto está relativamente estrechamente relacionado con el aprendizaje observacional. Es común con los niños y tiene características comunes, el más obvio es modelos probabilísticos y Batesian. La pregunta principal, sin embargo, es. ¿Encontrará uso en robots humanoides?

El aprendizaje de imitación siempre ha sido una parte importante de la robótica, ya que tiene características de movilidad que trascienden las de los entornos de fábrica en dominios como la construcción de búsqueda y rescate, lo que hace que las soluciones robóticas de programación sean manualmente un rompecabezas.

3. **Aprendizaje autosupervisado:** Permite a los robots generar su instancia de entrenamiento debido a los enfoques de aprendizaje autosupervisados, con el fin de mejorar su rendimiento. Esto incluye el entrenamiento prioritario, así como los datos que se capturan y se utilizan para traducir datos de sensores vagos. Los robots con dispositivos ópticos que tienen esto instalado pueden rechazar y detectar objetos.

   Un ejemplo sólido llamado Watch-Bot ha sido creado por Cornell y Stanford. Se utiliza un ordenador portátil y puntero láser, un sensor 3D, y una cámara con el fin de encontrar actividades humanas normales como patrones que se aprenden a través de los métodos de probabilidad. Un puntero láser se utiliza para detectar la distancia al objeto. Los humanos son notificados el 60 por ciento del tiempo, ya que el robot no tiene concepto de lo que está haciendo y por qué lo está haciendo.

4. **Tecnologías médicas y de asistencia:** Un dispositivo que detecta y supervisa el procesamiento de información sensorial antes de establecer una acción que va a beneficiar a un adulto mayor o a alguien con incapacidades. Esta es la definición básica del robot de asistencia. Tienen una capacidad para la

terapia del movimiento, así como la capacidad de proporcionar otros beneficios terapéuticos y diagnósticos. Son bastante prohibitivos para los hospitales en los EE.UU. y en el extranjero, por lo que todavía no han salido del laboratorio.

La robótica en el campo de la medicina ha avanzado a un ritmo rápido a pesar de que no son utilizadas por los centros médicos. Este avance se puede ver claramente si ves las capacidades de estos robots.

5. **Aprendizaje multiagente:** Ofrece algunos componentes clave como la negociación y la coordinación. Esto implica que el robot, basado en el aprendizaje automático, encuentra estrategias de equilibrio y se adapta a un paisaje cambiante.

A finales de 2014, se hizo un excelente ejemplo de un algoritmo utilizado por robots o agentes distribuidos en uno de los laboratorios del MIT para sistemas de decisión e información. Los robots colaboraron y optaron por construir un modelo de aprendizaje más inclusivo y mejor que el que fue hecho por un solo robot. Lo hicieron a través de la exploración de edificios y enseñándoles a encontrar las formas más rápidas a través de las habitaciones con el fin de construir una base de conocimiento de una manera autónoma.

Cada robot hace catálogos que combinan con los conjuntos de datos de los demás. El algoritmo estándar se realiza aquí y el algoritmo distribuido entra en juego cuando se trata de hacer bases de conocimiento como esta. Este tipo de enfoque, aunque de ninguna manera impecable, permitirá a los robots relacionar catálogos y reforzar sus explicaciones mientras se arreglan cualquier omisión y sobregeneralización. Todo esto juega un gran papel en múltiples aplicaciones robóticas en un futuro próximo.

Los catálogos son hechos por cada robot que luego combinan con los conjuntos de datos de otros robots, donde el algoritmo estándar es superado por el algoritmo distribuido al hacer este tipo de base de conocimiento. Este tipo de enfoque de aprendizaje automático, aunque no es un sistema impecable, va a permitir que los robots relacionen los catálogos y refuercen las explicaciones mutuas mientras corrigen cualquier omisión o sobregeneralización, que desempeñará un papel en múltiples aplicaciones robóticas en un futuro próximo.

¿Qué hacen los anuncios? Aparecen de vez en cuando en nuestros dispositivos, emisiones y buzones. Dondequiera que mires, corres el riesgo de que aparezcan y te molesten con algo que no te interesa. Esto muestra lo impersonales que tienden a ser las empresas. A medida que te bombardean con anuncios con la esperanza de que al menos uno golpeará. Estas empresas no saben nada mejor y siguen pagando mucho dinero para mantener este tipo de marketing. Usted notará lo vergonzoso, loco, y extraño los anuncios pueden ser y que casi nunca son bienvenidos. Hay una cosa que podemos esperar cuando se trata de anuncios. El aprendizaje automático está trayendo un momento en el que los anuncios baratos que se adaptan a nuestro comportamiento se nos mostrarán en el mejor momento. Algoritmos que funcionan así ya se están haciendo.

Hay una cosa que se ha demostrado con respecto al comportamiento del consumidor: la gente compra cosas automáticamente. Si bien es poco probable que las personas cambien sus hábitos de compra, es posible que haya algunos eventos importantes de la vida que puedan sacudirlos. Esto significa que una empresa que se ocupa de los dulces no apunta a su comercialización a personas que nunca probarían sus productos. En su lugar, se dirigen a personas que podrían probarlos debido a algún evento de la vida como el divorcio, el embarazo, o cualquier otra cosa que podría conseguir que alguien compre dulces. ¿Cómo saben estas empresas qué persona le gusta qué? La minería de datos es la herramienta utilizada aquí. Recopila datos sobre las personas para que los equipos puedan analizar lo que quieres, te gusta o te motiva para que puedan segmentarte con anuncios que son buenos para ti. Obviamente, los anuncios no son muy buenos para persuadirte, por lo que las máquinas tienen que aprender a ser persuasivo y lograr hacerlo como se muestra a continuación.

En 2012 un artículo llamado "Cómo las empresas aprenden tus secretos" salió en el *New York Times.* Habla de un hombre llamado Andrew Pole, que es un estadístico que trabajó en Target en 2002. Su trabajo era recopilar datos sobre los clientes agregando, o, a veces, incluso comprando paquetes de datos personales. Esto puede incluir los coches que conducen, qué temas les preocupan en línea y cosas pequeñas como la marca de jugo de naranja que utilizan. Esto es posible porque las máquinas que analizan los datos del cliente no son técnicamente una violación de la privacidad de alguien. Ninguna de la información es leída o manipulada por humanos que trabajan en Target. Además de eso, cada uno de los clientes se etiqueta bajo un número en lugar de un nombre. La información personal de los usuarios no se hace pública, por lo que no existe una ley por la que se considere ilegal.

En un momento, Andrew trató de averiguar qué mujeres que visitaban su tienda estaban embarazadas para poder empujarlas hacia la compra de productos que las personas con niños comprarían. Las mujeres que salieran a sí mismas como embarazadas comprando productos de baby shower en la tienda le dieron a Andrew información que él alimentaba al aprendizaje automático que le dio a Andrew una lista de 25 productos. Entre estos productos, había bolas de algodón, suplementos de zinc y productos similares. Esto le dio la idea de cuánto tiempo la mujer estuvo embarazada y cuánto tiempo tiene hasta que dio a luz. Esta información se utilizó entonces para que Target pudiera empujar los productos que venden a la mujer cuando más lo necesita. Basándose en su estado civil, si compra en línea, y muchos otros factores dieron a las computadoras en Target la oportunidad de omitir los datos y proporcionaron probabilidad para que la mujer se convirtiera en una compradora regular de productos relacionados con el bebé.

La misma lógica se aplicó entonces a todas las mujeres compradoras en Target y finalmente llegaron al punto en que pudieron, con un alto grado de precisión, concuerdan con qué mujeres están embarazadas sin tener esa información revelada a nadie. Este fue un escándalo a la espera de difundirse, similar a lo que pasó con Cambridge Analytica. Sin embargo, Target vio esto como una gran oportunidad para conseguir nuevos clientes.

Así es exactamente como las grandes corporaciones quieren que las cosas funcionen. Operar en áreas moralmente grises, así como saltarse creativamente las leyes de privacidad para que puedan obtener una ventaja sobre sus competidores no es algo que es infrecuente en el mundo de los negocios. Situaciones similares podrían surgir fácilmente, pero, esta vez, si una mujer revela todo sobre sí misma, la privacidad de otras mujeres comenzaría a verse afectada. Esto nos lleva a una conclusión. Hay un parámetro cuando miramos una sociedad donde los hábitos de una sola persona son fáciles de ignorar relativamente a un grupo lo suficientemente grande de personas como el comportamiento general se aplica a todos. Para que la minería de datos se acabe completamente, vamos a tener que hacerlo todo juntos. Si comenzamos a evitar Target, Walmart y cadenas similares y comenzamos a comprar en línea, no evitaremos la minería de datos ya que los mineros medios más poderosos se quedarán. No podemos huir de las redes sociales.

CAPÍTULO 8

Inteligencia Artificial

E n los últimos años, se hicieron muchos avances con respecto a la IA. Se pueden ver robots en diferentes películas de ciencia ficción haciendo una increíblemente vasta variedad de acciones y con una precisión impresionante. Algo así sería increíble tenerlo hoy, ¿no? La IA es el primer paso hacia algo así. La Inteligencia Artificial está brotando por todas partes a nuestro alrededor. Siri y Google Assistant son ejemplos de ello. Pueden ofrecernos consejos o recomendaciones basadas en nuestros hábitos. Mejoran cada año para que puedan aumentar la capacidad de reconocer imágenes, voces e incluso evolucionar en la medida de realizar acciones más complicadas como conducir coches mediante la aplicación de técnicas que Deep Learning utiliza. Otra forma en que estos sistemas están creciendo es que los estamos acercando y más a entender el lenguaje y comunicarse.

La locura de la IA ha provocado una gran confusión, ya que muchas empresas están empezando a ahondar en la escena. ¿Cómo entendemos todo esto?

La definición más simple de IA sugiere que es un campo específico de la informática que tiene como objetivo desarrollar computadoras que realizan tareas típicamente realizadas por personas. Específicamente, los trabajos realizados por personas altamente inteligentes.

La IA, también conocida como Inteligencia Artificial, también se llama inteligencia artificial. Es la inteligencia vista en las máquinas y tiene como objetivo imitar la inteligencia natural con la que las personas funcionan. En ciencias de la computación, la investigación de IA se define como un estudio de la inteligencia en máquinas que pueden percibir su entorno con el fin de aumentar sus posibilidades de alcanzar su objetivo. Por lo general, el término IA suele estar conectado al aprendizaje automático que tiene como objetivo copiar la función, el aprendizaje o la resolución de problemas de un humano. Sin embargo, el término en sí es más abarcador que eso y tiene muchas definiciones dependiendo de qué ciencia está hablando de ellas.

"La IA es lo que no se ha hecho todavía" es una cita bastante popular de la que a la gente le gusta hablar. Fue una broma hecha por Tesler cuando se habla del fenómeno de la IA donde la gente a menudo se olvida de la IA ser capaz de utilizar su inteligencia para completar tareas mientras la define. Las máquinas modernas ahora pueden realizar cosas que pueden clasificarlas como IA debido a la capacidad de entender el habla y vencer a los oponentes humanos en juegos altamente estratégicos como ir y ajedrez. También pueden hacer muchas otras cosas increíbles, como tratar con el enrutamiento cuando se trata de la entrega de contenido o en simulaciones militares.

La inteligencia artificial, también conocida como IA, se conoce a menudo como inteligencia artificial y es la inteligencia que se muestra comúnmente en las máquinas en contraposición a la inteligencia natural que se ve generalmente en los seres humanos y varios otros mamíferos. Cuando se trata de ciencias de la computación, la investigación de inteligencia artificial va a ser catalogada como un estudio de inteligencia que se muestra por los dispositivos que pueden percibir el entorno a su alrededor con el fin de tomar acciones que pueden maximizar sus posibilidades de tener éxito en alcanzar sus metas. Informalmente, la palabra inteligencia artificial generalmente se vinculará a una máquina que puede copiar la función cognitiva de un humano para resolver problemas o aprender.

IA tuvo muchas grandes carreras. Durante los años sesenta, se hicieron grandes promesas con respecto a lo que las máquinas pueden hacer. Durante los años ochenta, la gente empezó a hablar de cómo esto podría revolucionarlo todo. Estas dos eras hicieron promesas que podrían haber sido demasiado difíciles de cumplir. Te estarás preguntando qué hace que esta era sea diferente. ¿Por qué los sistemas que se hicieron recientemente son diferentes de los programas que se hicieron en los años sesenta y ochenta? Los nuevos desarrollos son diferentes a los anteriores por muchas razones diferentes.

Aumento de los recursos computacionales

Las computadoras en los tiempos modernos funcionan a
velocidades mucho mayores y pueden hacer muchas más cosas y
con mucha mayor eficiencia. Las técnicas del pasado funcionaron
por su cuenta sólo en ese momento, mientras que, hoy en día, se
pueden utilizar para mejorar y ampliar la cuadrícula computacional.

Crecimiento de los datos

Hasta ahora, una gran cantidad de datos se recogía y seguía
creciendo. Estos datos están cada vez más disponibles para las
máquinas. Esto ha dado a nuestras máquinas más cosas potenciales
en las que pensar. Esto nos muestra que los sistemas son cada vez
mejores cuando se trata de entender grandes cantidades de datos.

Enfoque más profundo

Los aspectos más pequeños de los datos están muy por debajo de
las capacidades de la IA que, ahora, se centra en resolver problemas
completos. Los sistemas que tenemos hoy pueden pensar en
problemas particulares. Ya no trabajan en sueños. Cortana, Siri y
otros sistemas similares son buenos para funcionar en dominios
limitados y se centran en encontrar y extraer palabras específicas
que podríadecir en lugar de centrarse en la oración en su conjunto.

Ingeniería del Conocimiento

Los problemas y las cuestiones a las que se ha enfrentado la
ingeniería del conocimiento ahora funcionan como aspectos del
aprendizaje. Los sistemas de hoy tienen sus propias formas de

aprender. Los fallos de los sistemas en el pasado nos ayudan a aprovechar ese conocimiento para evitar esos problemas a la hora de procesar datos. Aprender estas reglas sin aporte humano es en lo que la mayoría de los enfoques de hoy se centran.

Modelos de razonamiento alternativos

Las máquinas que no tienen que razonar para ser inteligentes es una base para algunos modelos de razonamiento alternativos. Esta suposición separa la máquina de los seres humanos y la permite funcionar como una máquina.

El primer renacimiento de las máquinas inteligentes proviene de los factores anteriores. Estas máquinas se están extendiendo cada vez más y se están adoptando mejor en los lugares de trabajo como herramientas.

Explorando la IA

Algunos investigadores y desarrolladores optan por hacer un sistema que pueda pensar y actuar de la misma manera posible a los seres humanos. A la mayoría de la gente no le importa cómo piensan los sistemas, sólo se preocupan por la moralidad del sistema. Entre estas dos formas de pensar hay muchas que no son tan extremas. Si el razonamiento humano se aplica a los sistemas podría ayudar a las computadoras a comportarse más como los seres humanos.

Fuerte IA

IA fuerte es el término que usamos para el trabajo que simula el razonamiento humano dentro de una máquina. Dicta que cualquier máquina debe ser capaz de tener las mismas capacidades y los mismos resultados que los seres humanos. Para lograresto, tendremos que construir algunas simulaciones complejas que emulen la cognición humana y las mentes.

IA débil

La IA débil es un término al que llegamos cuando hablamos de la segunda escuela de pensamiento, que está tratando de que las estructuras funcionen. La IA débil es capaz de crear estructuras que son las mismas en función, pero no nos dicen nada sobre cómo la gente piensa o siente. Un ejemplo de esto es Deep Blue, hecho por IBM. Es un gadget que logró vencer a muchos jugadores de ajedrez profesionales. A pesar de este éxito, es obvio que no aprendimos nada sobre la cognición en general.

Cualquier cosa en el medio

Todos los nodos entre la IA fuerte y la IA débil son aquellos que entienden el razonamiento pero no dejan que limite sus posibilidades. El trabajo más poderoso ocurre en este grupo. Aquí, las emociones humanas y el razonamiento no son el objetivo final para modelar el sistema, sino una guía para lograrlo. No hay un nombre totalmente aceptado para esta escuela de pensamiento. La IA práctica se utiliza con relativa frecuencia.

Lo que debe concluir de esto es que el sistema tiene que ser inteligente, pero no necesariamente de la misma manera que un humano sería.

El ecosistema alrededor de la IA

La Inteligencia Artificial ha sido algo durante mucho tiempo. A pesar de que el interés IA disminuye y aumenta en intervalos, siempre ha estado a nuestro alrededor. A pesar de que algunos sistemas son inteligentes y eficientes, son difíciles de considerar la IA. Se les llama estrechos porque funcionan exactamente de acuerdo con las expectativas. Sin embargo, la eficiencia y la inteligencia son un aspecto más importante.

Entender que la IA está en todas partes

Sugerencias que sitios como Amazon y eBay dan por lo general implementar algo que está muy cerca de la condición humana. Estos sitios web generan listas mediante minería de datos. Al analizar lo que compró en el pasado, así como lo que marcó o vio, le sugerirán productos que son similares a lo que vio. A menudo encuentran personas con intereses similares a los suyos y buscan productos que han comprado y se los recomiendan. Es un proceso muy similar al pensamiento humano, aunque no idéntico. Por ejemplo, si estás tratando de encontrar un regalo para tu amigo, empezarás pensando en lo que a tu amigo le gusta o no le gusta. Basándote en esa información, encontrarás un regalo que parece bueno para tu amigo. Otra forma de hacerlo es encontrar a alguien con intereses similares y preguntarle qué les gustaría si estuvieran en el lugar de tu amigo.

No debe pensar en cómo funcionan estos motores en este momento. Calificarlos como buenos o malos no debería importar. En su lugar, debería estar impresionado por la capacidad de los motores para generar perfiles, identificar similitudes entre personas y generar listas de sugerencias basadas en información.

¿Qué hace a los seres humanos tan inteligentes?

La inteligencia y el pensamiento, por decirlo simplemente, se pueden definir en tres etapas:

- Tomar la información en
- Razonamiento
- Actuación

Hay otras distinciones que podemos hacer sobre estos términos generales. A continuación, hablaremos más sobre cada una de estas acciones.

Detección

Este proceso es uno de los más sencillos de explicar. Es responsable de recopilar la información de nuestro entorno. La detección de imágenes y el sentido del habla son los dos métodos más comunes para hacer esto.

Procesamiento de imágenes

La diferenciación entre personas, objetos y otras entidades basadas en la vista se realiza de esta manera. Una de las habilidades de supervivencia más básicas que tienen los seres humanos es su capacidad para percibir información a su alrededor.

Reconocimiento de voz

La forma más básica de transferir información de una persona a otra es a través del habla. El reconocimiento de voz nos permite tomar lo que escuchamos y entendemos.

Otros sensores

Radares, velocímetros, sondas, osciloscopios, máquinas de pesaje, etc. son formas de determinar una propiedad física de algo, por lo que entran en la categoría de sensores.

Razonamiento

El razonamiento es un proceso en el que utiliza información pasada y la relaciona con la información que se le proporciona en este momento. A continuación hablaremos de algunos sistemas de inferencia:

Generación del lenguaje natural

Este es un método con el que los seres humanos determinan y generan el lenguaje que necesitarán utilizar para transmitir información a un objeto u otro humano con el fin de completar una tarea:

Inferencia basada en lógica

Este proceso es utilizado por los seres humanos con el fin de
determinar si algo es lógicamente cierto.

Aprendizaje

El aprendizaje es un proceso en el que un ser humano desarrolla
nuevos conocimientos mediante el uso de ejemplos o información
de formación. Esto funciona de forma similar cuando se trata de
aprendizaje automático.

Inferencia basada en la evidencia

Esta inferencia permite al ser humano analizar la evidencia con el
fin de sacar una conclusión sobre si una pregunta específica debe
ser respondida con verdadero o falso.

Evaluación de la situación

Esta es la capacidad de darse cuenta de lo que está pasando a su
alrededor en un nivel más amplio.

Procesamiento de idiomas

El procesamiento del lenguaje se puede describir como la capacidad
de los seres humanos para convertir palabras que escucharon en
ideas y relaciones.

Planificación/resolución de problemas

La capacidad de detectar algo como un problema y encontrar una
solución para él.

Actuando

Después de recibir información y considerarla durante el tiempo suficiente, realizamos algún tipo de acción. Los siguientes son todos ejemplos de actuación.

Generación de discursos

Una persona puede vocalizar un texto que se le da con gran facilidad. Pueden leerlo y actuar en consecuencia debido a la generación del habla.

Control robótico

Otro nombre para El Control Robótico es movimiento muscular. Puede ser dispuesto o no dispuesto.

Examen de los componentes de la IA

Aspectos del razonamiento de la máquina y la cognición humana son lo que los investigadores esperan lograr cuando se trata de IA. La mayoría de los sistemas de IA modernos, incluidos los que mencionamos antes, como el Asistente de Google y la función Siri de Apple mediante el uso de las tres capas.

Los sistemas de IA que funcionan sobre tres principios son una novedad. Aún así, son el estándar de oro por ahora. Implementan tanto el reconocimiento de voz como la generación, así como el procesamiento de lenguaje para entender lo que se les pide que hagan para que puedan ejecutar un modelo de decisión. El modelo indica a la IA qué tarea debe realizar. Si, por ejemplo, la respuesta tiene la forma de un componente de voz, el sistema obtendrá la señal para generar voz cuando se realice la tarea. Estos sistemas funcionan de manera eficiente, ya que no hay pausa entre la transición de capa a capa. Hablemos de cómo la sensación, el razonamiento y la actuación, las tres áreas de la inteligencia funciona en los sistemas de IA.

Detección

Hablamos de dos sistemas que funcionan como sistemas de reconocimiento de voz. Su función depende de las palabras que diga el usuario. Reconoce lo que se dice sobre la base de las formas de onda de las palabras que se hablan. Diferente IA tiene un software diferente que ayuda a hacer esto. Apple utiliza Nuance para Siri, mientras que Google utiliza su propio software. Esto se hace a través de un micrófono. Hay sistemas que funcionan en función de otros efectos sensoriales también.

Usted introduce las palabras a través del micrófono, pero la IA no entiende el significado de las palabras. La IA interpreta las palabras es una forma similar a interpretar el texto. Toman la forma de onda y la comparan con otras formas de onda hasta que consigue una coincidencia. Esto significa que la máquina no es consciente de que la palabra es una palabra, sino un conjunto de vibraciones.

Lo que generará al finalizar este proceso es una serie de palabras. La máquina quiere que estas palabras tengan sentido dentro del sistema. Esto permitirá que el sistema interprete su comando y le proporcione el servicio necesario. El procesamiento del lenguaje juega la parte más importante aquí.

Razonamiento

Existe un patrón general para analizar un problema entre los sistemas inteligentes, a pesar de que cada sistema lo hace a su manera. En el ejemplo anterior, los sistemas podrían registrarle diciendo el nombre de algunos alimentos. Lo marcarán y verán si ese alimento tiene una receta. Si no existe, pero el usuario lo pidió específicamente, el programa asumirá que el orador quiere que encuentre un lugar donde puedan comer pizza. La mayoría de los otros programas involucrados en la IA de este tipo funcionan de manera similar.

El procesamiento ligero es lo que llamamos esto. Se basa en las definiciones y conexiones más simples, que puede utilizar para determinar la diferencia entre el comando para encontrar un restaurante o una receta. Otra inferencia que el sistema puede deducir es que al orador le gustaría saber dónde se puede encontrar la pizza. La diferenciación de cómo vs lo que hay que hacer es el problema.

Cada sistema recibe la información necesaria que se necesita para satisfacer las necesidades. La información se recibe de la transición del sonido a las palabras. Por ejemplo, si un sistema miraba el GPS y encontraba restaurantes que sirven pizza y calificaran las opciones en función de varios parámetros: precio, calificación o proximidad, junto con un historial de usuarios, sería capaz de proporcionarle un lugar adecuado donde podría disfrutar de un Pizza. Como puede ver, el sistema hace un trabajo corto en la comparación y calificación de parámetros con el fin de proporcionar la mejor respuesta posible.

La inteligencia artificial explica el razonamiento detrás de la
elección de uno de los varios planes de acción diferentes. Estos
planes son generalmente scripts que se importan en el sistema para
recopilar información. Sin embargo, uno no debe socavar su valor
únicamente en el hecho de que son simples scripts. Son cruciales
para un sistema. Al igual que la experiencia en seres humanos, una
IA es competente en su trabajo cuando sabe lo que hay que hacer y
cuándo hay que hacerlo.

Actuando

Los resultados deben ser dados a los usuarios al completar la
sensación y el razonamiento dentro del sistema de IA. Lo que esto
suele terminar haciendo es dividir las ideas en varios conjuntos que
se pueden devolver al usuario. Luego se mapean en palabras y
oraciones que luego se transforman en sonido.

Evaluación de datos mediante IA

Estos sistemas siempre tratan de generalizar a los seres humanos.
Amazon, por ejemplo, toma la poca información que tiene sobre ti,
como lo que compras y a qué sitios vas, y luego compara esta
información con la de otras personas para predecir tu próximo
comportamiento. Los datos son lo que llamamos transaccional de
artículos, lo que significa que considera lo que usted miró y lo que
compró como el mismo. Amazon también utiliza esta información
para comprender qué productos debe recomendar.

Los datos de perfil solo compensan una pequeña parte del proceso.
Otra información como clientes, objetos de clúster y otros se tienen

en cuenta además de estos datos. Las suposiciones de los algoritmos están haciendo acerca de usted también se pueden sacar en función del lugar en el que vives y la cantidad de dinero que gasta en promedio.

Los resultados son siempre un conjunto de caracterizaciones:

- Basado en lo que tienes en común con alguien con intereses similares en algunas de las categorías, así como qué colecciones te gusta podría recomendar algunos libros de cocina.

- Basándote en las cosas que estabas mirando en un período de tiempo, podrías ser alguien a quien le guste cuidar de su jardín.

- Acabas de conseguirte una cocina bien decorada

La información sobre clústeres, transacciones y categorías de productos es de gran importancia para los minoristas. Cuando se trata de motores de búsqueda, un historial de información que buscó, qué y dónde ha haciendo clic, así como los elementos que ha visto son cosas importantes.

Predecir resultados con IA

Uno de los resultados más importantes a la hora de razonar son las predicciones. Con el fin de prepararse para lo que puede suceder en el futuro potencial para que pueda lidiar con los resultados más fácilmente, las predicciones son importantes. La IA tiene la misma forma de pensar.

Saber lo que los clientes van a comprar es clave para ser un gerente de tienda exitoso. Al examinar qué productos compraron o miraron los grupos de clientes y luego proyectando ese patrón a otros clientes es cómo lo logra. Por ejemplo. A ti y a tu amigo les gusta leer novelas de ciencia ficción. Si a tu amigo le gusta conseguir libros nuevos con bastante frecuencia, puedo suponer que tú también. Ahora, si tu amigo aparece varias veces en una muestra de unos pocos millones de personas, obtienes el modelo que las empresas usan para predecir lo que la gente compraría.

El filtrado colaborativo es la combinación de proyectar una similitud e identificarla. Es lo que muchos sistemas de recomendación transaccional utilizan hoy en día. Estos sistemas basan sus suposiciones en la intuición para determinar qué personas son similares entre sí en función de un determinado parámetro.

Clasificar a las personas y sus comportamientos en grupos es otra forma de usar la predicción. Naturalmente, estos grupos tendrían que tener algunas similitudes en sus perfiles. El objetivo aplicó el método mientras identificaba a las mujeres embarazadas. Este mapeo se utilizó con el fin de comercializar productos a estas mujeres de manera más eficiente. Esta técnica demostró ser precisa. Sin embargo, fueron reprendidos por esto. Target encontró que ciertas mujeres no estaban contentas con el hecho de que sus familiares encontraran su embarazo de esta manera.

Es difícil separar las características y acciones entre sí, ya que están estrechamente vinculadas. Si viste una franquicia de películas, es seguro decir que has visto una de las entradas de esa serie. Si compras una cuna, vas a comprar unas mantas. Si ha abierto una cuenta bancaria, realizará algunas transacciones pronto. Es una predicción como estas que aumentan la necesidad de categorizar las cosas y encontrar similitudes en los individuos.

Una predicción tiene como objetivo encontrar un problema que pueda ocurrir en el futuro y cómo se puede evitar o resolver. El objetivo no es encontrar a la persona que está recibiendo, sino predecir lo que puede ir para.

Algunos sistemas utilizan el aprendizaje automático y la minería de datos cuando necesitan centrarse más en los resultados en lugar de hacer recomendaciones o predicciones. Estos sistemas conectan características y características visibles en un momento dado con eventos que tendrán que predecirse en el futuro examinando la frecuencia de las entidades en comparación con los ejemplos de lo que el sistema está prediciendo. Este proceso de predicción da lugar a la siguiente pregunta: "¿Qué característica o comportamiento predecirá esto?"

Cualquier cosa, desde comprar algo hasta un ciberataque puede considerarse un "problema" en este contexto. Con técnicas como la minería de datos, el análisis predictivo y el análisis de regresión, tienen como objetivo crear reglas que puedan predecir los "problemas" que pueden ocurrir antes de que ocurran.

En el núcleo de los sistemas con los que interactuamos más
mentiras inferir, predecir y aserción dinámica y está claro por qué.
Para predecir lo que va a pasar en el futuro, los humanos
necesitamos saber lo que está pasando ahora. Es similar a la IA, ya
que necesita datos en los que basar sus suposiciones. Hacer
inferencias sobre el evento y predecir cómo se desarrollará es
crucial, ya que ayuda a anticipar lo que sucederá en el futuro y nos
ayuda a decidir cómo lidiar con él.

CAPÍTULO 9

Big Data

2012 parecía el año en que las tecnologías de big data eran las más prominentes que jamás serían. 2013 robó la corona, sin embargo, cuando el análisis de big data comenzó a aparecer. Gestionar cantidades sustanciales de datos va a ser bastante difícil, especialmente cuando se desea sacar la información más importante del grupo. Cambiar la forma en que piensa sobre el trabajo con datos y la forma en que lo hace se cambiará para siempre por big data.

Con conjuntos de datos más grandes, es bastante difícil aplicar los principios básicos de la ciencia de datos. La prueba y el error no siempre van a ser un buen método para encontrar soluciones, especialmente cuando el conjunto de datos es grande y heterogéneo. Hay muy pocas opciones que pueden procesar una gran cantidad de datos de manera oportuna, por lo que, con el aumento del tamaño del conjunto de datos, hay menos y menos opciones para hacer que los modelos predictivos estén disponibles. Sus muestras de análisis que se congelan en el tiempo, también serán limitadas debido a que las soluciones estadísticas regulares están más enfocadas hacia el análisis que son estáticos. Esto tendrá la oportunidad de darle resultados que no son confiables y superados.

Por lo general, la ciencia de datos va a ser de prueba y error, que va a ser imposible siempre que se trabaje

Afortunadamente hay algunas alternativas que solucionarán los problemas que puede tener con los dominios de investigación que se expanden con el tiempo. Uno de los cuales es, lo adivinaste, el aprendizaje automático. Ya se están haciendo esfuerzos en esto. Diferentes empresas están haciendo aplicaciones que se centran en la fabricación de algoritmos que le ofrecen predicciones precisas. Estas aplicaciones ya se utilizan en las estadísticas y ciencias de PC y están haciendo un buen trabajo hasta ahora.

Algunas aplicaciones podrán decirle a las empresas qué productos deben comprar o si se detecta fraude. Dar un análisis confiable va a ser muy fácil con el aprendizaje automático. Utiliza métodos genéricos y automáticos que ayudan a simplificar la tarea del científico. También será capaz de averiguar las estadísticas en tiempo real.

La mayoría de los sistemas de aprendizaje y la inteligencia artificial utilizan la evaluación, la predicción y la inferencia. Estas son todas las partes que juegan en el razonamiento humano. Tienen la tarea de responder a varias preguntas bastante simples sobre una base regular. "¿Qué está pasando? ¿Qué pasará después? ¿Qué está pasando a nuestro alrededor?" son sólo algunas de las preguntas que debe responder.

Evaluamos subconscientemente, deducimos y predecimos cada vez que estamos haciendo las cosas más simples. Cuando esperamos un taxi, llamamos a un ascensor o presionamos un botón en nuestro dispositivo, estamos haciendo los tres. La IA ha empezado recientemente a hacer lo mismo.

Cuando se trata de Big Data, cada día se contabilizan 2,5 quintillones de bytes de nuevos datos. Aquí, posiblemente más que en cualquier otro lugar, es importante saber cómo funcionan los sistemas de IA cuando se trata de capturar datos, sintetizarlos e impulsar su razonamiento. Transformar números y datos no estructurados en algo que los seres humanos puedan entender es una cosa clave que los sistemas de IA pueden hacer. Esto es especialmente importante con problemas como el Big Data.

Comprender estos sistemas es fácil una vez que se da cuenta de que los procesos subyacentes son inteligentes. Su objetivo es hacer que estos procesos sean comprensibles y sencillos, sin dañar su inteligencia. La IA no funciona en algún tipo de magia, pero sobre la base de algoritmos alimentados por datos, potencia y escala.

¿Qué es Big Data?

Existen dos fuentes de datos muy diferentes que nos proporcionan Big Data. Big Data es el nombre colectivo de todos los datos que provienen de estas dos fuentes. El primer origen representa todos los datos encontrados dentro de una organización o una empresa. Estos datos se comparten entre una enorme red de usuarios. Incluye blogs, correos electrónicos, archivos PDF, eventos de negocios, eventos de procesos, archivos internos, documentos de trabajo o cualquier otro dato estructurado, no estructurado y semiestructurado en general. El segundo origen son los datos que puede encontrar fuera de la organización. Si bien esta información suele ser gratuita, ya que está disponible para el público en general, todavía hay cierta información en este campo que tendrá que pagar para ver. Esta información puede ser sobre productos que los competidores distribuyen, sugerencias de terceros, información que aparece en las redes sociales, ciertas jerarquías, así como quejas que fueron puestas en sitios regulatorios por los clientes.

Big Data podría parecer datos que se utilizaron en cualquier período de tiempo. Sin embargo, Big Data se separa de otros tipos de datos en función de las cuatro características siguientes. Los cuatro Vs de Big Data son Volumen. Variedad, Velocidad y Veracidad. Estas son las características más destacadas que hacen del Big Data un fenómeno tan especial. Tenga en cuenta, sin embargo, que hay varias otras características, pero ninguna es tan prominente como esta.

Volumen

Desde que big Data causó turbulencias en el mundo, muchas organizaciones comenzaron a tener problemas para facilitar la gran avalancha de datos en sus almacenes de datos. Desde el año 2006, se hicieron varias docenas de exabytes de datos y este número sigue aumentando cada vez más. Esta cantidad de datos, gracias a Big Data, ahora se puede recopilar en cuestión de milisegundos, lo que significa que se recopilan un billón de gigabytes cada hora. Ese es un número impresionante. Lo que lo hace aún más impresionante es que no muestra signos de seguir adelante.

Antes de que las organizaciones de Big Data contaran su espacio de almacenamiento de datos colectivos en terabytes. Ahora hacen lo mismo en petabytes ya que los datos han aumentado tan exponencialmente. Para algunas organizaciones de algunas industrias, se puede notar una presión en la arquitectura de análisis debido al volumen de datos que necesitan almacenar. Por ejemplo. Hablemos de algunas organizaciones en la industria de la comunicación. Digamos que la compañía tiene cien millones de clientes. Si la empresa recopilara datos diarios sobre todos los clientes, ocuparía más de 5 petabytes de espacio durante un período de cien días. En el pasado, las empresas eliminaron sus datos diariamente, pero recientemente los reguladores han estado pidiendo a las empresas de la industria que mantengan registros sobre las llamadas o el uso de datos de cada cliente

Velocidad

La velocidad es un término difícil de explicar, ya que representa dos fenómenos. Puede considerar tanto la latencia como el rendimiento de los datos como parte de este término. En primer lugar, hablaremos de latencia. La infraestructura de análisis era un tipo de negocio de tienda y informe. Los datos del día anterior se convirtieron en informes y se representaron como "D-1". Durante los últimos años se consideró necesario cambiar su funcionamiento. Se hizo cada vez más difícil satisfacer las necesidades de cada negocio. Un ejemplo de esto sería una agencia de publicidad que está buscando realizar análisis con el fin de colocar anuncios en plataformas en milisegundos. Esto no fue posible con el módulo de informe de la tienda - y - , ya que era demasiado lento para responder.

Ahora, el rendimiento de los datos. Esta es una segunda, pero de ninguna manera menos importante, medida de la velocidad. Representa el flujo de datos a través de la infraestructura de análisis. Una tasa del 80 por ciento se notó cuando se trata de la velocidad a la que los datos del teléfono global están creciendo. Se especula que los datos recopilados anualmente aumentarán en 12-14 exabytes por año, ya que el intercambio de diferentes medios se ha hecho una cosa fácil de hacer. Durante mucho tiempo, las corporaciones han estado buscando crear una infraestructura que les permita analizar las grandes cantidades de datos en paralelo.

Variedad

La tecnología de almacenamiento de datos se introdujo a finales de los años 90 del siglo pasado. Su objetivo era crear y representar datos a través del uso de Meta-modelos destinados a simplificar los datos y ayudar a representarlos de una sola forma sin importar la estructura de los datos. En su mayoría compilaron datos de múltiples fuentes a través de ETL o ELT. El principio básico era reducir la variedad y la ambiguedad para que los datos pudieran aplicarse y utilizarse correctamente. Big Data ha ampliado nuestras opiniones al permitirnos crear nuevas tecnologías para la integración de datos. También permitió soluciones creativas en las tecnologías de infraestructura y análisis. Un gran número de análisis están siempre en la búsqueda de soluciones que harían ayudar a todos sus clientes de manera oportuna una tarea más fácil. Esto también ayudaría a hacer una conexión más clara entre un usuario descontento y el operador, ayudando a la solución del problema. Los datos del centro de llamadas van solo hasta datos no estructurados como sonido o texto y bits raros de datos estructurados. Muchas aplicaciones diferentes recopilan diferentes tipos de datos de correos electrónicos, documentos y blogs. Slice es una de las empresas que proporciona servicios analíticos para pedidos en línea. Utiliza datos sin procesar de muchas fuentes y organizaciones diferentes. Algunas de las fuentes pueden ser compras, billetes de estacionamiento, billetes de avión, recibos y similares. ¿Hay alguna manera de que esta información pueda ser compilada en catálogos de productos y ser analizada correctamente?

Veracidad

El Big Data proviene de varias fuentes fuera del control de las empresas, mientras que los datos internos se rigen estrechamente. Esta es la razón por la que Big Data a menudo puede resultar falso o inexacto. Esto generalmente ralentizaría y reduciría la calidad del análisis. Veracidad, como término, se refiere a la sostenibilidad de los datos. También analiza lo creíbles que son las fuentes.

Vamos a tratar de definir la credibilidad con respecto a las fuentes de datos. Las organizaciones proporcionan la información sobre sus productos a terceros que proporcionan esa información al servicio de atención al cliente o a su centro de contacto. Ahora, antes de que la organización haga eso, debe ser evaluado y acreditado como para no proporcionar ninguna información falsa. Si se demuestra que la organización es confiable, la información se puede utilizar para ayudar a los clientes y ayudarles con sus consultas. De lo contrario, la empresa podría dañar sus propios ingresos al ofrecer al cliente un producto o servicio incorrecto. Esto podría conducir a diferentes campañas que boicotean a la empresa por sus bajos servicios. Las redes sociales explotarían y dañarían la reputación de la compañía. Por ejemplo, una empresa podría ejecutar una encuesta sobre los productos que vende. Si los clientes toman un gusto al producto, esta información sería registrada y considerada. Por otro lado, si un cliente afirma que no le gusta el producto y no incurre en cuanto a por qué es así, se le dejan datos no estructurados que son de poca utilidad para usted.

CAPÍTULO 10

Redes Neuronales Profundas

Puede hablar de arquitectura de redes neuronales ahora que sabe más sobre el aprendizaje profundo y sus aplicaciones. Las redes neuronales son muy importantes para las máquinas. Una red neuronal debidamente programada ayudará a la máquina a pensar como una persona y procesar la información de esa manera. Estas redes están hechas de capas. Estas capas pueden procesar muchos tipos de información. Cada capa está hecha de neuronas que trabajan juntas para resolver problemas. Dado que las redes neuronales ayudan a las máquinas a pensar como los seres humanos, tiene sentido que las máquinas con redes neuronales sean capaces de aprender. El reconocimiento de patrones y la clasificación de datos son algunas de las cosas para las que se utilizan estas máquinas.

Cuando las neuronas cambian y se ajustan, la red puede aprender, similar a los seres humanos.

Una persona que no se mete con la IA, alguien con quien puedes hablar en la calle, podría sorprenderse al enterarse de que se han encontrado con mucha inteligencia artificial y otros tipos de aprendizaje automático. Millones de dólares son gastados por algunas de las empresas más populares con el fin de investigar que mejorará su negocio. Algunas de estas empresas son Apple, Google, Facebook, Amazon e IBM.

Nuestra vida cotidiana podría verse afectada por esta investigación ya, aunque es posible que no lo sepa. Con las búsquedas en Internet, por ejemplo, se le mostrarán opciones en sitios web y búsquedas que coincidan con las palabras clave que escribió. El aprendizaje automático es importante para esto, ya que es lo principal que permite a su navegador filtrar a través de los millones de recomendaciones posibles.

El mismo principio se utiliza en las recomendaciones de Netflix o en los filtros de spam que ayudan a filtrar tus correos electrónicos. En la industria médica, esto se utiliza para la clasificación de medicamentos y tiene un papel importante en el Proyecto Genoma Humano donde pasa por las innumerables combinaciones de patrones en el ADN que pueden decirle algo sobre sus antecedentes familiares, factores de riesgo, o perspectivas de salud.

Estos sistemas son aplicables en la mayoría de las industrias, ya que son altamente adaptables y sofisticados. Esto es posible a través de algoritmos que guían el equipo a través de muchos procesos de aprendizaje. Con los algoritmos correctos, puede enseñar a un sistema a detectar comportamientos anormales que pueden ocurrir dentro de un patrón. Esto ayuda al sistema a aprender cómo predecir posibles resultados que pueden ocurrir en una amplia variedad de situaciones.

Una red neuronal artificial es algo que contiene algoritmos de diferentes tipos, receptores de datos y una gran cantidad de otros elementos. Desde que se introdujeron durante la década de 1950, las redes neuronales artificiales han sido un remedio cuando se trata del futuro de la ciencia. Son patrones similares al cerebro humano. Permiten que la máquina aprenda durante la fase de entrenamiento de la programación. Este conocimiento se utiliza entonces como base para soluciones que se aplicarían a los problemas en el futuro.

Antecedentes históricos

Las redes neuronales han sido algo desde antes de las computadoras. El problema era que la gente no era lo suficientemente competente para utilizarlos. Esta es la razón por la que los recientes avances realizados en el campo de las redes neuronales son tan importantes. Cualquier desarrollo en las tecnologías informáticas ayuda a la investigación de las redes neuronales. Empezó una locura y la gente empezó a entusiasmarse en el campo. Sin embargo, la mayoría de los intentos fueron infructuosos, ya que no hay avances que pudieran ayudar a mejorar la eficiencia y precisión de nuestras máquinas. El entusiasmo comenzó a disminuir. Sin embargo, algunos de los investigadores permanecieron firmes y continuaron sus estudios. Trabajaron duro para desarrollar lo que tenemos ahora, un modelo tecnológico que es aceptado por la mayoría de las personas en la industria.

La primera red neuronal artificial fue hecha por Warren McColloch y Walter Pitts en el año 1943. Esto se llamaba las neuronas McCulloch-Pitts. La red no se utilizó para realizar o automatizar tareas complejas, ya que el dúo no tenía la tecnología necesaria para el desarrollo posterior de la red.

¿Qué son y cómo funcionan?

Términos como inteligencia artificial, aprendizaje automático y aprendizaje profundo son todos los términos que se refieren a los procesos que están sucediendo en y a la red neuronal. La gente puede ser escéptica cuando se trata de la forma en que las máquinas aprenden. Sin embargo, le aseguramos que realmente significa que están entrenados como lo son las mentes humanas.

Un modelo distribuido computacional se compone de procesadores paralelos simples con una gran cantidad de conexiones diminutas es una buena manera de pensar en estas redes. El cerebro humano está hecho de muchas, muchas neuronas que están interconectadas a través de sinapsis que les permiten hacer análisis y cálculos en nuestra corteza cerebral. El aprendizaje se logra con el cambio en las conexiones en nuestro cerebro nos permite adquirir nuevas habilidades y aprender nuevas habilidades para que podamos resolver problemas difíciles.

Una buena manera de pensar en estas redes es pensar en muchos procesadores paralelos simples integrados con cientos (o miles) de pequeñas conexiones que conforman un modelo de distribución computacional. En el cerebro humano, hay millones de neuronas todas interconectadas por sinapsis que les permiten hacer cálculos y análisis en la corteza cerebral. A medida que se hacen estas conexiones, el aprendizaje se logra permitiendo a la persona adquirir nuevas habilidades para que puedan lograr problemas complejos.

Cientos de unidades de procesamiento homogéneas que están interconectadas a través de enlaces son elementos de una red neuronal. Las configuraciones únicas de conexiones y simplicidad son lo que hacen que este diseño sea realmente hermoso. Los datos entran en la red a través de una capa de entrada y van a la capa de salida. Mientras tanto, los datos se procesan a través de las muchas capas en el medio hasta que se calcula el problema y se lleva a cabo una solución final.

Sólo unas pocas unidades que transfieren información fueron la esencia de la estructura de las redes neuronales simples en sus primeros días. Hoy en día, sin embargo, una red podría estar formada por millones de unidades diferentes que están entrelazadas y trabajan juntas con el fin de emular el proceso de aprendizaje. Las redes más modernas son capaces de resolver problemas muy difíciles y complejos de muchas maneras.

¿Por qué usar redes neuronales?

Grandes volúmenes de datos se dedican a realizar mejoras en la industria por parte de la propia industria. Hay muchas variables en estos conjuntos de datos que pueden dificultar que los seres humanos encuentren patrones en los que aparecen en los propios conjuntos de datos. A través de redes neuronales, podemos reconocer estos patrones más fácilmente. Sin ellos, los equipos podrían encontrar que es una tarea difícil identificar tendencias en el conjunto de datos. Al tomarse el tiempo para entrenar una red neuronal, un ingeniero puede alimentar los enormes conjuntos de datos de la red para convertirla en un experto en un área seleccionada. Con esta red entrenada, el ingeniero puede predecir la salida para cualquier posible entrada. Esto también permite que el ingeniero pueda responder algunas preguntas sobre el futuro. Las redes neuronales tienen muchas ventajas y estas son algunas de ellas:

- Una red neuronal puede adaptarse a nuevas tareas y aprender a hacer cosas nuevas debido a que usa el aprendizaje automático supervisado

- La red se puede utilizar para informar de cualquier información que se le alimente durante la etapa de aprendizaje

- Las máquinas con arquitectura de red neuronal funcionan mucho más rápido y proporcionan resultados más precisos. Esto se debe a la capacidad de calcular datos en paralelo.

- Las redes neuronales se pueden fijar con bastante facilidad. Aunque el rendimiento se verá afectado si la red está dañada, la red todavía recordará algunas de las propiedades.

La neurona McCulloch-Pitts - ¿Qué es?

Hay muchas similitudes entre el cerebro humano y las redes neuronales artificiales. Esto tiene sentido debido al hecho de que estas redes fueron hechas para emular cómo el cerebro humano

Esto es fácil de entender. Las siguientes son algunas de las similitudes entre ellos:

- Millones de neuronas artificiales las componen y cada una de ellas puede calcular problemas y resolverlos

- Cada neurona tiene muchas conexiones diferentes

- Son no lineales y paralelos

- Pueden aprender a través del cambio en la conexión entre las unidades

- Se adaptan a los nuevos conocimientos cuando encuentran un error en lugar de penalizarse a sí mismos

- Sobre la base de los datos que nunca se encontraron antes, pueden producir resultados

Todos estos describen cómo funciona la red neuronal, en su conjunto. Mientras que los dos son muy similares en la superficie, debemos ver cómo funcionan las unidades más pequeñas. La neurona McCulloch-Pitts es la parte más pequeña de la red.

En el cerebro, la unidad básica de procesamiento es una neurona. En la red neuronal artificial, esta unidad es la parte principal del procesamiento de cualquier tipo de información y cálculos de cualquier tipo. Está hecho de los tres elementos siguientes:

- El peso y la eficacia sináptica de las conexiones, así como las propias conexiones

- Un agente que resume y procesa las señales de entrada y emite combinaciones lineales

- Un sistema que limita la salida de la neurona

La década de 1940 fue la primera vez que se introdujo la neurona MCP. Esta neurona recibió su nombre del lógico Walter Pitts y del neurocientífico Warren S. McCulloch. Trataron de entender lo que sucede dentro del cerebro humano cuando tratamos de producir y entender patrones complejos y replicarlos a través de las conexiones entre las muchas células básicas.

El diseño de sistemas antiguos era muy simple. La entrada se cuantificó de cero a uno y la salida se limitó al mismo dominio. Cada entrada era inhibitoria o excitatoria. Esta simplicidad hizo que el diseño limitara las capacidades de aprendizaje de la máquina.

Aunque a veces la simplicidad puede ser grande, también tiene sus caídas. Cuesta la capacidad computacional comprender temas complejos.

Se suponía que la neurona MCP resumiría todas las entradas. La neurona toma todos los positivos y negativos que aparecen y los compila, añadiendo más uno si una entrada es positiva y tomando uno si la entrada es negativa.

Redes neuronales frente a computadoras convencionales

Las redes neuronales y los ordenadores no aplican el mismo tipo de solución a todos los problemas. Estos últimos suelen utilizar algoritmos para encontrar soluciones. Los ordenadores convencionales también tienen otro método para resolver un problema. Si usted le enseñó los pasos que debe seguir debe hacer bien por ellos con el fin de encontrar una solución. Lo que esto nos dice es que los humanos y las computadoras pueden resolver problemas similares. Donde brillan las computadoras es resolver problemas que la gente no puede.

Como hemos dicho en numerosas ocasiones, el cerebro humano y las redes neuronales funcionan de una manera similar: a través de una red de neuronas interconectadas. Estas redes suelen funcionar en paralelo para obtener la mejor eficiencia. Un ingeniero puede enseñar a una red a completar una tarea dándole un ejemplo de cómo debe abordar la solución. Esto significa que seleccionar los datos que se alimentan en el sistema es muy importante. Si no tiene cuidado al seleccionar los datos, es posible que sea más difícil para el sistema aprender el proceso. Las redes son impredecibles ya que, debido a los datos que se alimentan, podría aprender a resolver problemas que el ingeniero no prevezó.

Las computadoras aplican algunos enfoques cognitivos al resolver problemas, también. Si el ingeniero da a la computadora las instrucciones adecuadas, el equipo puede actuar sobre ellos y resolver problemas. Usando un lenguaje de programación de alto nivel, el ingeniero toma sólo unos pocos pasos para proporcionar las instrucciones al equipo. El equipo, más adelante, toma estas instrucciones y las traduce a un idioma que el equipo puede entender. Este proceso permite al ingeniero predecir cómo el equipo va a ir sobre la resolución de ciertos problemas. Si el equipo informa de un problema durante el procesamiento, el ingeniero puede concluir que debe haber un error en el software o hardware.

Las computadoras convencionales funcionan en conjunto con las redes neuronales. Los cálculos aritméticos son un tipo de tarea que se resuelve mejor con las computadoras algorítmicas convencionales. Por otro lado, otras tareas más complejas, pueden ser resueltas por las redes neuronales de manera más eficiente. La mayoría de las tareas se resuelven mejor combinando los dos enfoques para que la máquina pueda trabajar con la máxima eficiencia,

Tipos de redes neuronales

Red neuronal totalmente conectada

Una capa de red es el tipo más básico de arquitectura de red neuronal. Se compone de tres capas de neuronas que están interconectadas. La capa de entrada es la primera capa. Se conecta a una capa oculta de neuronas que luego proceden a la capa de salida. La capa de entrada es donde el ingeniero da datos al sistema. Los nodos que conectan la capa oculta y la capa de entrada dictan cómo la capa de entrada ve los datos que se le dan. El tipo de datos outputted depende de las ponderaciones y conexiones entre la capa secreta y la capa de salida.

Este tipo de arquitectura es simple, pero sigue siendo interesante porque las capas ocultas pueden representar datos de muchas maneras. Los pesos mencionados anteriormente son nodos que conectan capas. También determinan cuándo es necesario activar estas capas. Un ingeniero puede modificar estos pesos y cambiar la forma en que interactúan las capas. Puede hacer esto para asegurarse de que la forma en que la capa oculta muestra los datos se lleva a cabo de la manera correcta.

Es bastante fácil distinguir una arquitectura multicapa y de una sola capa. Cuando se trata de arquitectura de una sola capa, las neuronas están conectadas en los nodos. Esto significa que la potencia de procesamiento de la red se maximiza debido a que toda la capa está interconectada. Cuando se trata de arquitectura multicapa hay más capas en el sistema. Aquí las neuronas no están interconectadas, pero las capas sí.

Perceptrons

El término percepción fue acuñado en 1960 por Frank Rosenblatt. Esto sucedió durante una época en la que la arquitectura de redes neuronales se desarrolló en gran medida. Las percepciones representan una especie de modelo McCulloch y Pitts al que se le asigna un preprocesamiento y un peso fijo. Esto hace que el sistema sea más fácil de usar cuando se trata de reconocer los patrones, asemejándose a la función en los seres humanos. Esta red también se puede utilizar en otros procesos.

Redes de avance de alimentación

Hay varios nombres para este tipo de red. De abajo hacia arriba o de arriba hacia abajo son nombres alternativos para redes de avance de alimentación. Esto significa que las señales y los datos fluirán en una sola dirección, desde el punto de entrada hasta el punto de salida. Esta red no tiene un bucle de retroalimentación. Esto significa que la salida obtenido en una instancia no afectará a la salida que viene en otra capa. Esta es una de las redes más simples para hacer ya que la entrada está directamente asociada con la salida. Esta red se utiliza a menudo en el reconocimiento de patrones.

Redes neuronales convolucionales

Las redes neuronales totalmente conectadas son las redes neuronales convolucionales a las que se puede ver más. Muchas capas hechas de muchas neuronas son lo que compone este sistema. Cada neurona se asigna con un peso. Esto se debe a los datos de formación que se utilizaron durante la fase de enseñanza. Cuando se da entrada a una neurona que hará un producto punto, que es seguido por una no linealidad. Es posible que se pregunte cuál es la diferencia entre una red neuronal totalmente conectada y una red convolucional. Una CNN ve cada entrada en el conjunto de datos original como una imagen en la que un ingeniero puede codificar propiedades del sistema. Esto reduce el número de instancias en el conjunto de datos original y facilita que la red utilice la función forward. Estos tipos de redes neuronales son utilizados por la mayoría de los programas de aprendizaje profundo.

Redes de comentarios

Las redes de retroalimentación son específicas debido al movimiento de las señales. Fluyen en ambas direcciones e inducen un loop en la red. Estas redes son extremadamente difíciles de hacer, pero son muy poderosas. La red funcionará en un estado de equilibrio absoluto hasta que cree un cambio. Este estado de cambio constante continuará hasta que el sistema se iguale de nuevo. Si un ingeniero alimenta un nuevo conjunto de datos al sistema, intentará encontrar un nuevo punto de equilibrio. Esta es la razón por la que las redes de retroalimentación son recurrentes e interactivas. A continuación discutiremos las redes neuronales recurrentes.

Redes neuronales recurrentes

Las redes neuronales recurrentes son especiales porque la información siempre se repite. La red considerará la entrada y asosa lo que ha aprendido, una vez que decida. RnN generalmente tiene memoria a corto plazo. En combinación con la memoria a largo plazo, gana memoria a largo plazo. Discutiremos esto a continuación.

Es difícil explicar RNN sin usar un ejemplo. Supongamos que la red que está utilizando es una red neuronal de avance de alimentación regular. Digamos que introduces la palabra "cerebro". El sistema separará la palabra en caracteres y los repasará uno por uno, olvidando siempre los caracteres anteriores. Esto significa que este modelo no se puede utilizar para predecir qué carácter es el siguiente a menos que ya se haya pasado. Debido a su memoria interna, un RNN recuerda los caracteres anteriores y predice los siguientes. Mientras produce salidas, las copia y las vuelve a colocar en la propia red. Esto significa que los RNN producirán, además de la información actual, cinco informaciones pasadas inmediatas. Debido a todo esto, las siguientes entradas son todas una parte de un RNN:

- Los datos actuales

- Los datos recientes

Como siempre, la selección del conjunto de datos es muy
importante. El conjunto de datos utilizado para enseñar el modelo
afectará a la forma en que el sistema utiliza secuencias mientras
predice los próximos caracteres en un texto. Esto coloca RNN
delante de la mayoría de los algoritmos cuando se trata de las
funciones que pueden realizar. A diferencia de una red de avance de
alimentación, RNN aplica peso a los datos de entrada anteriores y
actuales y desplaza los pesos que ya se han asignado, mientras que
una red de avance de alimentación asigna pesos a las neuronas en
cada capa para producir y generar.

Red adversaria generativa

Un GAN, también conocido como una red adversativa generativa,
se compone de dos redes que se han enfrentado entre sí. Debido a
esto, lo llamamos una red adversa. GAN puede ser utilizado por la
mayoría de los ingenieros en un sistema, porque puede aprender a
imitar cualquier distribución o conjunto de datos. GAN se puede
utilizar para crear algo que es único para usted en muchos
dominios. Puede procesar simultáneamente imágenes, prosa, habla,
etc. Usted está obligado a quedar impresionado por la salida de
estas redes.

Un generador y un discriminador son parte de esta red. El
discriminador evalúa las instancias realizadas por el generador,
mientras que el generador crea las propias instancias de datos. El
trabajo del discriminador consiste en identificar si una nueva

instancia procede de un conjunto de datos de entrenamiento prefabricado o no.

Entrenamiento de la red neuronal

Entrenar su red neuronal es una de las partes más importantes de hacer una red neuronal. Hay algunos métodos para hacer esto, sin embargo, sólo un método tiene los resultados más positivos. La retropropagación de errores, también conocida como algoritmo de propagación de errores, ajusta simétricamente los pesos de las conexiones y las neuronas. Esto significa que si el sistema comete un error aprenderá de él y se acercará a la solución correcta cada vez.

Este tipo de entrenamiento tiene dos etapas: etapa 1, también conocida como propagación hacia adelante, y etapa 2, también conocida como propagación posterior.

En la etapa 1, se realiza un cálculo de todas las neuronas activadas en todas las capas. Durante esta etapa, no hay ningún cambio en los pesos de conexión sináptica. Esto significa que los valores predeterminados se utilizarán en la primera iteración del sistema. Durante la fase 2, sin embargo, se nos da una respuesta real de la red y podemos comparar la salida con la salida esperada para determinar la tasa de error.

A continuación, se tiene en cuenta la tasa de error y se devuelve a una de las conexiones sinápticas. Modificar las ponderaciones disminuye la diferencia entre el valor esperado y el valor que obtuvimos. Este proceso se produce en y en el momento en que el

margen de error se reduce hasta el punto en que ya no se puede
reducir.

• Propagación directa: en la propagación directa, la primera
entrada son los datos iniciales que luego se transfieren a las
capas ocultas donde se procesan hasta que se produce una
salida. Las funciones de activación, la profundidad de los
datos y el ancho de los datos dependen de la arquitectura
básica de la red. Profundidad nos dice cuántas capas ocultas
existen dentro del sistema. El ancho nos indica el número de
neuronas en cada capa y las funciones de activación
instruyen al sistema sobre exactamente qué hacer.

• Propagación hacia atrás: Permite ajustar el peso de las
conexiones a través de un algoritmo de aprendizaje
supervisado. Esto se hace con el fin de reducir la diferencia
entre la solución que obtuvimos y la solución esperada.

Las redes neuronales son un campo de estudio muy interesante y
cada vez son más intrincados, ahora utilizando el aprendizaje
automático. Tiene un enorme potencial para ayudar a la creación de
futuros desarrollos en ciencias de la computación.

• Son expertos en resolver problemas cuyas soluciones
requieren cierto grado de error

• Pueden utilizar la experiencia de resolver problemas
anteriores y utilizarla para resolver los problemas que
encuentra por primera vez.

- Su implementación es un pedazo de pastel, ya que las definiciones de duplicación, neuronas y creación de conexiones son fáciles de entender

- Completa las operaciones con bastante rapidez, ya que cada neurona opera sólo con el valor que recibió como entrada

- Las salidas estables se relacionan directamente con los valores de entrada

- Antes de producir un resultado, pueden tomar todos los insumos en cuentas

Las redes neuronales todavía tienen algunos inconvenientes, incluso con todas esas ventajas. Algunos de ellos son:

- Tiene cierta similitud con las cajas negras. Puede determinar lo que sucedió, pero no hay manera de determinar por qué se produjo un determinado resultado

- La memoria no se puede describir ni localizar en la propia red

- Solo pueden ser utilizados por computadoras con hardware compatible, ya que tienen necesidades informáticas únicas

- La producción de cálculos adecuados puede llevar mucho tiempo, sin embargo, ya que las técnicas de entrenamiento son extensas y pueden tardar un tiempo en ejecutarse.

- El único método para resolver problemas son los algoritmos
  y hay que darles el correcto para el problema

- La precisión de los valores de salida puede variar

- Se necesita un gran número de ejemplos para un buen
  proceso de aprendizaje que pueda producir soluciones que
  se

Las redes neuronales son completamente capaces de tomar
decisiones independientes basadas en el número de entradas y
variables. Debido a esto, pueden crear un número ilimitado de
iteraciones recurrentes para resolver problemas sin interferencia
humana. Cuando veamos estas redes en acción, encontrará un
vector numérico que representa los distintos tipos de datos de
entrada. Estos vectores pueden ser cualquier cosa, desde píxeles,
señales de audio y/o video, o simplemente palabras simples. Estos
vectores se pueden ajustar a través de una serie de funciones que
producen un resultado de salida.

A primera vista, se podría pensar que no hay mucho que decir sobre
las redes neuronales. Sin embargo, cuando lo miras un poco más,
empiezas a ver las complejidades detrás de él. El mismo sistema se
puede utilizar para manejar los problemas más básicos y los más
complejos por igual. Lo único que cambia es el número de
ponderaciones que se colocan en cada valor.

Conclusión

¡ Lo has conpasado! Si has terminado con este libro, deberías estar orgulloso de ti mismo. Has logrado matemáticas, programación y teoría muy difíciles.

Si te estás preguntando qué próximos pasos debes dar, te recomiendo usar tutoriales en línea. Después de todo, sólo hay tanto contenido que un libro puede cubrir, y el campo de ML está evolucionando para siempre.

Aparte de eso, ¡comienza tu propio proyecto! Simplemente estudiar no puede enseñarte tanto como lo haría tu propio proyecto. Trate de hacer un generador de guiones divertido. Puede analizar líneas de películas y hacer que el equipo las compile.

Hay innumerables cosas que puedes hacer con ML-es por eso que es tan popular después de todo.

Está claro ver hasta dónde ha llegado la informática. Sin embargo, es importante recordar que esto no es algo que sucedió en la última década más o menos. Las raíces de cada gran "descubrimiento" de los últimos 20 años se encuentran en los años 50' y 60' del siglo pasado. Los principios de la informática siempre se mantuvieron iguales, son sólo nuestros métodos los que han cambiado y nuestra tecnología que ha avanzado. Cuando se creó la primera red neuronal, es difícil creer que pudieran imaginar hasta dónde podrían, o, para el caso, evolucionarían.

Estamos viviendo en una enorme encrucijada de tecnología donde estamos teniendo nuevos break-throughs constantemente. Es fácil suponer que, muy pronto, seremos capaces de hacer cosas que ni siquiera podemos comprender en este momento. Las propias redes neuronales fueron revividas únicamente por el avance que hicimos en 50 años y desde que nuestra tecnología está creciendo cada vez más rápidamente. No es un estiramiento decir que podríamos tener un avance igual de grande en 10 años más o menos. Lo mejor de todo es que entender cosas tan complejas es convertirse en una tarea más fácil, cada vez más a medida que pasa el tiempo.

Cosas complejas como la Inteligencia Artificial y el Aprendizaje Automático son cada vez más fáciles de entender. La IA se está convirtiendo en parte de nuestras vidas incluso hoy en día y tiene algunos usos excelentes, no sólo en su hogar, sino también en muchos campos de la ciencia. En medicina, la IA se utiliza para ordenar los datos y, en algunas partes del mundo, distribuir medicamentos basados en recetas. IA como Siri no es algo que pocas personas saben. Es relativamente avanzado y sirve a su propósito bastante bien, especialmente teniendo en cuenta las limitaciones de un software de este tipo.

Estas IA tienen muchos defectos y muchas cosas que deben mejorarse. Simplemente no tenemos la tecnología que necesitamos para hacer realidad nuestros conceptos. Pero imagínate. Un mundo donde Siri puede reconocer el significado detrás de tus palabras y hacer una aproximación de lo que querías decir a través de tus frases y argot. Ahora imagine una IA que se adapte a sus necesidades. Una IA que le entiende y realiza un seguimiento de sus necesidades y solicitudes. Una IA que se adapta a ti y aprende de ti.

Esto puede sonar como algo de una película de ciencia ficción, pero es una posibilidad real. La informática ya ha llegado tan lejos que somos casi capaces de emular perfectamente el proceso de pensamiento que un humano pasa a través de la realización de varias acciones. Cuando se divide en procesos y componentes más pequeños, esto puede parecer bastante simple, pero lo que necesita entender es que esto no es una cosa pequeña. Innumerables horas de investigación y trabajo se puso en ello con el fin de que funcione. Décadas de experiencia en el campo están muy por detrás de esto. Mentes brillantes de todo el mundo y diferentes períodos de tiempo viertieron toda su brillantez en las ideas que se convertirán en el principio mismo en el que esto funciona.

La cantidad insana de datos que acumulamos cada año habla mucho de lo lejos que hemos llegado. Sólo la unidad de datos en la que medimos nuestra afluencia anual parecía inalcanzable no hace mucho tiempo. El Big Data tuvo un impacto masivo en el mundo. Revolucionó, no sólo el mercado de datos, sino también cómo abordamos los datos. Las cantidades de datos que recibimos, así como cuánto necesitamos mejorar es dictada por Big Data. Tenemos que seguir el día. Esto hace que big data sea un punto en la dirección correcta. Nos empuja a mejorar y superar nuestros viejos límites.

Lo que la gente necesita entender es que el campo de la informática es casi como un organismo vivo. Cuando un área pasa por un avance, todas las demás siguen para igualar. Funciona en esta sinergia, donde los avances en ciertas áreas conducen a avances en otras áreas. Este complejo sistema de actualización sobre el conocimiento previo de aquellos que te rodean es la base de cualquier tipo de progreso. También hay competencia para aquellos que sacarán el máximo provecho de sus recursos y habilidades. Otra cosa a tener en cuenta acerca de los descubrimientos realizados recientemente es que no son un producto del espíritu aventurero de una empresa.

La mayor parte del progreso surge de una de dos cosas. Una empresa llega a un avance increíble debido a que una empresa que quiere sobreclase de sus competidores en algo por lo que vierte suficiente dinero e investigar en él. Eventualmente, esta obra da sus frutos y tenemos una base para algo nuevo. La segunda opción es que alguien conceptualice una idea y, si tenemos la tecnología para ello, utiliza la idea para crear algo completamente nuevo que, de nuevo, funciona como base para otro campo de estudio. Incluso un laboratorio es un lugar de negocios, bastante volátil para el caso. No sólo enfrenta a la corporación contra la corporación, sino también individual frente a individual. El progreso viene de la necesidad de ser el primero en algo o mejor en otra cosa.

La gente siempre debate sobre cuál es el avance más prominente en las ciencias de la computación. Yo diría que, sin duda, es aprendizaje automático. Ahora déjame explicarpor por qué. El aprendizaje automático nos ha acercado varios pasos al objetivo final, que es hacer una máquina que pueda emular perfectamente la forma en que la gente piensa y trabaja. Esto puede parecer un poco descabellado, pero es una posibilidad seria. Como dije antes, ya tenemos sistemas que pueden emular el comportamiento humano con tareas como notar patrones. Donde esto difiere del comportamiento humano real es que la máquina necesita ser lediga exactamente lo que tiene que hacer para resolver ese problema.

El aprendizaje automático lo lleva un paso más alto y permite a la máquina obtener nuevas técnicas y algoritmos mediante el aprendizaje. Este es un proceso difícil en el que necesita alimentar su máquina con una tonelada de datos durante un largo período de tiempo, así como mostrarle cómo resolver un problema. Con el tiempo, la máquina aprenderá a resolver el problema, así como cualquier problema que funcione en un principio similar. Sin embargo, si estimula y alimenta la máquina durante el tiempo suficiente, con el tiempo aprenderá a enseñarse a sí mismo. Ahora, esta es la parte interesante. La máquina en sí comenzará a percibir la falta de una solución a un problema, un problema propio. Esto hará que la máquina encuentre una solución al problema de no tener la solución a otro problema. De esta manera la máquina aprende cómo lidiar con los problemas porsu cuenta. Usted podría estar pensando:"Bueno, si las máquinas pueden hacer todas esas cosas, ¿qué hace que su procesamiento sea diferente de cómo piensan los seres humanos?". Bueno, hay dos respuestas a esta pregunta. La primera es que la máquina simplemente no entiende lo que está haciendo. Reconoce el patrón de movimientos que necesita tomar para resolver un problema, pero no conecta ninguno de esos pasos a nada fuera del problema. Esto significa que el término "cerebro" está registrado por una línea de 1s y 0s y, para entender la máquina, la misma línea de 1s y 0s siempre significará "cerebro". Aquí es donde la máquina tiene éxito en emular a un humano, ya que conecta un término a una señal, que se almacena en el núcleo de la máquina. Cuando la máquina falla en el hecho de que no puede percibir la palabra "cerebro" como cualquier otra cosa que no sea esa misma línea de 1s y 0s. La otra diferencia es que la máquina no puede tomar datos por sí sola. Cada máquina necesita ser alimentada con datos antes de que pueda empezar a hacer nada. Si bien lo mismo es cierto para los seres humanos, los seres humanos pueden tomar datos de su entorno. Una máquina que no tenía datos alimentados a ella es similar a un recién nacido en que es la forma más básica y el primer paso en la evolución de su especie. Una máquina que no tiene a nadie para alimentar los datos es una máquina que no puede aprender.

Por otro lado, un niño será capaz de determinar si está frío, caliente o con dolor debido a las reacciones químicas que ocurren en el cuerpo del niño. Aunque el niño no entiende el significado de la palabra dolor, la reacción química deja claro que algo está mal aquí y el niño se inclinará a no repetir el curso de acción nunca más, ya que no querrá experimentar la misma sensación. El equipo, sin embargo, no puede recopilar datos antes de tener una cierta cantidad de datos. Seamos generosos y digamos que el ordenador comienza con una manera de recopilar datos de su entorno y procesarlos. Aquí se diferencia de los seres humanos de dos maneras, una vez más. Si el ordenador encuentra un problema, puede tener todos los datos en el mundo, pero permanecerá atascado en ese problema, ya que no hay nadie que le diga si la solución que hizo es correcta o no, mientras que un niño tendrá una aversión automática al dolor y sabrá que permanecer lejos de ella es el mejor curso de acción sin ninguna instrucción.

El otro problema es que, sin la ayuda de un humano, una máquina no podría vincular los datos a los problemas. Puede cargar tantos datos como desee, si no tiene algo para lo que usar esos datos, el equipo realmente no tiene un propósito. Aquí tenemos lo principal de la diferencia entre máquinas y humanos. Los humanos nacen con un cierto conjunto de reacciones instintivas, mientras que una máquina no tiene ninguna. Si una máquina encuentra un problema y el problema no se registra como un problema dentro de la máquina, la máquina no hará absolutamente nada. Mientras que, sí, algunas máquinas pueden hacer cosas que la gente no puede hacer y calcular cantidades masivas de datos que nunca podríamos esperar, todavía dependen en gran medida de los seres humanos para un sentido de dirección. Están, por supuesto, perdidos sin nosotros.

Hay gente que cree que si seguimos progresando así, llegará un momento en que todos seamos esclavos de las máquinas y que las máquinas nos reemplacen a todos, pero esto es muy improbable. Aunque son creaciones impresionantes, las máquinas requieren que los humanos funcionen. Sin humanos, las máquinas no tienen sentido y no tienen un valor objetivo. Se podría especular sobre lo que las propias máquinas podrían hacer para mejorarse a sí mismas, pero no hablaremos de esto, ya que está más en el ámbito de la ciencia ficción.

Ahora, mira literalmente todas las máquinas del mundo. Todos ellos han tenido programadores, y han sido programados para un propósito determinado. "¿Pero qué pasa con las computadoras?", se podría preguntar. Bueno, a pesar de que las computadoras fueron programadas para hacer varias cosas... su computadora no puede hacer las cosas por sí sola; al final siempre se puede simplemente tirar de su enchufe.

El miedo a un levantamiento de robots está innatamente ligado a la ciencia ficción, porque no hay razón para que nadie haga tal cosa. No hay ningún beneficio en hacer un robot realista. Después de todo, la razón principal para hacer algoritmos de aprendizaje automático es el capitalismo. Si no hay ganancias en ella, entonces no prosperará en la sociedad capitalista actual.

Para concluir, si bien la informática ha tenido un gran auge últimamente, esto no sucedió de la nada. Este es un proceso que comenzó hace mucho tiempo y quién sabe cuándo se detendrá, pero una cosa es segura. La capacidad de los humanos para destruir sólo puede ser superada por su capacidad de crear. Aunque pueda parecer que hemos alcanzado el pináculo en ciertas áreas, podríamos estar rascando la superficie. Sólo se puede especular hasta dónde llegarán las máquinas si el aprendizaje automático sigue creciendo a este ritmo e incluso entonces, las especulaciones podrían caerse planas, ya que no se sabe qué mente brillante de un extraño o máquina al azar podría llegar a lo siguiente. Tal vez llegue un momento en el que las máquinas puedan aprender unas de otras.

Fundamentalmente, espero que este libro les haya enseñado algo nuevo sobre el aprendizaje automático. Incluso si te saltaste las porciones matemáticas, espero que hayas encontrado el resto del libro comprensible e interesante. El tema del aprendizaje automático es vasto, por lo que naturalmente hay algunos temas que no han sido cubiertos.

Los temas principales han sido cubiertos y detallados exhaustivamente tanto matemáticamente como en teoría. Esperemos que esto le haya ayudado a profundizar su comprensión del aprendizaje automático. Por último, espero que continúen por este camino, y algún día puedo mirar hacia ustedes para enseñarme, en lugar de viceversa.

Recursos

Liu, Y. (2017). Aprendizaje automático de *Python con el ejemplo: ejemplos fáciles de seguir que le ponen en marcha con*el aprendizajeautomático. Birmingham: Paquete.

Marsland, S. (2015). *Aprendizaje automático: Una perspectiva algorítmica.* Boca Ratón: CRC Prensa.

Su primer proyecto de Aprendizaje Automático en Python paso a paso. (n.d.). Obtenido de https://machinelearningmastery.com/machine-learning-in-python-step-by-step/